Hugo Hartung
Deutschland, deine Schlesier

Hugo Hartung

Deutschland, deine Schlesier

Rübezahls unruhige Kinder

mit 29 Illustrationen von Erich Hölle

Lindenbaum Verlag

IMPRESSUM:

Hugo Hartung, Deutschland, deine Schlesier
Lindenbaum Verlag GmbH, Beltheim-Schnellbach
2014 Linzenzausgabe: Lindenbaum Verlag, 56290 Beltheim-Schnellbach

Internetadresse: www.lindenbaum-verlag.de
Email-Adresse: lindenbaum-verlag@web.de
Druck: Eigendruck
Printed in Germany
ISBN: 978-3-938176-52-8

Inhalt

In Erinnerung an die Freunde
Ludwig Peter Kowalski und Paquita Kowalski-Tannert
aus Oberschlesien.

Silesius Anonymus schreibt ein Vorwort

Zu einem richtigen Buch gehört ein richtiges Vorwort. Am liebsten schriebe es der Autor selbst. Aber das widerspricht den guten literarischen Sitten. Darum bittet er einen zuverlässigen Freund, das für ihn zu sagen, vor allem auch an Rühmenswertem, was ihm die gespielte oder gezielte Bescheidenheit verbietet. Manchmal gibt er dem Freund verbindliche Stichworte oder, um ihm Zeit zu ersparen, ein fertiges Manuskript. Der Freund gibt den Namen.

Ich, Silesius Anonymus, der Schattenmann im vorliegenden Falle, kann leider nicht sogleich mit den erwarteten Lobeshymnen beginnen. Ich gebe mich erst einmal grimmig, indem ich feststelle: H. H. hätte dieses Buch gar nicht schreiben dürfen. Er ist kein Schlesier, weder Nieder- noch Ober-... Thüringer von Vaterseite, durch eine Laune des Schicksals im Vogtland geboren, von der Mutter sehr stark mit Böhmischem und Österreichischem infiziert – gegen einen solchen als Verfasser eines Schlesienbuchs müßte der schon begründeten Protest erheben, dem der Rübezahl mit seinen (Garten-)Zwergen an der Wiege stand.

Dieser Mischmaschmensch war sogar sehr störrisch, als ihn die Tükken einer sogenannten großdeutschen Politik aus einem Boden rissen, der unter einem heiteren südlichen Föhnhimmel lag, um ihn zunächst einmal Würzelchen im nordwestlichen Marsch- und Geestland schlagen zu lassen und dann abermals aufzuscheuchen mit dem Ruf: »Jeder einmal in Schlesien.«

Der Ruf stimmte nämlich in jenen Tagen überhaupt nicht. Man meinte zwar, jedem Schlesier irgendwann einmal als Urberliner wieder begegnen zu können, aber Schlesier in Schlesien besuchen – wer tat das schon? Es gibt heute noch Bundesdeutsche, für die Deutschland mit dem Westufer des Rheins oder jenseits des Mains aufhört. Hinter der Elbe wird's für sie mulmig. Aber gar jenseits der Oder... Sarmaten reiten dort mit Pfeil und Bogen über Sandsteppen, so mochten verworrene Vorstellungen in einer kurzen gesamtdeutschen Geschichte aussehen, und daran änderte sich auch nicht viel, als diese auf großdeutsch umfunktioniert wurde. Es ist erwiesen, daß zum Turn- und Sportfest anno 38 vorsichtige Süd- und Westdeutsche mit polnischen Wörterbü-

chern in Breslau anreisten. So simpel waren unseres Autors Ansichten nicht, als man ihn von Oldenburg nach Breslau schickte, um diese Stadt als mögliche künftige Wirkensstätte in Augenschein zu nehmen. H. H. kannte immerhin seinen Gerhart Hauptmann und hatte auf angesehenen Bühnen in Berlin, Leipzig, München und anderswo einige seiner naturalistischen Dramen in schlesischer Mundart erlebt. Oft war es allerdings eine Mund-Unart, in die sich viele Nuancierungen aus den Landschaften von Wien bis Königsberg, von Köln bis Stuttgart mischten. Dem wahren Sprachborn des Dichters vom Wiesenstein einmal nahezukommen, erschien ihm daher reizvoll und verlockend. Ansonsten meinte er, mit einem gängigen Vorurteil, daß ihn dort rechts unten auf der Landkarte viel Ruß und Nebel, Frost und Schnee erwarteten.

H. H. hatte sich getäuscht. Aber er wurde nicht enttäuscht. Im Gegenteil. In einer kurzen Sommerwoche erfuhr er, daß Deutschland seine Schlesier gar nicht kannte. Und schon überhaupt nicht sein Schlesien. Unserm Autor widerfuhr in Mannesjahren etwas, was sonst die Jünglingsjahre beglückt: eine große Liebe. Und solche Manneslieben werden oft besonders stürmisch und leidenschaftlich. (Alterslieben übrigens auch. Doch das ergäbe ein anderes Buch.) Die schon in Breslau ansässigen Freunde trieben ihn in einem wahren Furioso der zu Liebenden in die Arme. Sie wußten, daß er von Böhmen, Wien und Süddeutschland her für Barockes anfällig war. Schon boten sie ihm dessen erlesenste dekorative Pracht, von schwerer goldener Repräsentation bis zum heitersten Farbenjubel himmlischer Konzerte. Sie wußten, daß er eben wißbegierig im hansischen Raum und im Bannkreis des Bremer Doms Fuß gefaßt hatte. Sie überwältigten ihn mit der noblen Strenge gotischer Backsteindome. Stromland kannten sie als das Lieblingsland des alten Donaufahrers. Sie gaben ihm den Anblick einer Stadt im Strom, in einem wildwüchsigen Strom, der noch die Frische des Wälder- und Felderlandes seiner Heimat atmete. Und den Hauch des weiten Ostens. Ja, das war das ganz Besondere, das letzthin die Liebe unausweichlich machte: der Osten, der Osten. Man roch ihn, atmete ihn, schmeckte ihn, wenn man auf einer der Brücken von Breslau stand. Aus dem Osten hatte der Autor seine Frau geholt, und dem Land zwischen Libau, Riga und Reval hatte seine vorherige große Liebe gegolten. Er hatte die Weite dort geliebt, die der Menschen und der Landschaft. Wurde er treulos, wenn er sich nun einer andern, südöstlicheren Geliebten zuwandte? Er liebte in ihr wohl die vorige mit – so etwas kann zu den schönsten Wirrungen des Menschenherzens gehören.

Und die vorvorige auch, die Jünglingsliebe: Ungarn. Auch dort war die große Weite in allem gewesen. Ihr Ausdruck: die Gastfreundschaft. Wie jenseits der Theiß und diesseits der Düna überwältigte sie ihn nun an beiden Oderufern. Deftiges und Kräftiges, Süßes und Herbes, Wein (zum Glück nicht des Landes) und unbekannte Biere des Landes! Liköre, die nach Wäldern schmeckten, und hausgebrannte Schnäpse, die Klostergeheimnisse ausplauderten. H. H., schon dem Westen und Süden halb verloren und doch auch wieder ihm auf Umwegen neu gewonnen, hörte schlesische Stimmen um sich. Hier sprachen die Rose

Bernds, die Fuhrmann Henschels, die Hilses und die Krauses, wie Gott und ihr Meister sie geschaffen hatten. Und Schluck und Jau gab's in vielen Ausgaben. Sie sagten »juju« und »neenee« und »bis ock stille«. Soffen und sangen ›Rosel, wenn du meine wärst‹. Und H. H. – es ist nicht mit freundlicher Nachsicht zuzudecken – soff auch. Dann führte man ihn über eine schmale Eisenbrücke, wo ein Flußarm über einem Wehr den Mond zerquirlte. Eine Frau, die vor einer Stunde ›Sie‹ gesagt hatte, sagte jetzt ›Du‹. Und dann waren sie plötzlich wieder in einer Kneipe. Da gab's nur noch Schlucks und Jaus in einer gewaltigen Tabakrauchwolke. An einem Tisch stand einer auf. »Der Ulitz«, sagten die Freunde. »Ararat«, sagte H. H., der begriff, daß er jetzt auch im Land der 660 Liliencronschen Dichter war. Arnold Ulitz, der Wahloberschlesier, trinkfroh und vital wie seine ganze ehrenwerte Zechrunde der phantasiegeborenen Republik Scheitnig‹ – da stand er nun, selbst ein Ararat von Mann, an dem das bereits leckgeschlagene Schiff des von Westen Hergereisten endgültig scheiterte.

Nach dieser Nacht verliebt und verloren an Stadt, Land und Menschen – das also war der, welcher jetzt das Wagnis dieses Buches unternimmt. Seine Liebe zu dem Land des unglücklich liebenden und herrlich dichtenden Johann Christian Günther möge ihm als mildernder Umstand für sein Unterfangen angerechnet werden. Schlesien in beiderlei Gestalt hat seine Liebe erwidert. Niederschlesien schenkte ihm die beglückendsten Landschafts- und Kunstentzückungen, Oberschlesien die besten Freunde. Liebe entschuldige es, wenn er im Gewimmel der nachher von ihm zu beschwörenden Ereignisse und Gestalten, der Fürsten, Völker und Sprachen nicht immer streng nach der philologischen und historischen Ordnung verfahren wird. Welcher Liebhaber mag die Geliebte gern medizinisch auseinandernehmen oder ihr Röntgenbild als Buchschmuck verwenden? Als Goethe die Rippen seines venezianischen Liebchens zählte, hat er vergessen, die Zahl aufzuschreiben.

Und ich, Silesius Anonymus, halte meinem Mandanten bei seinem Vorhaben weiterhin zugute, daß er der Liebsten das Requiem schrieb. Er hat sie sterben sehen nach allzu kurzen Flitterjahren. In Breslau wurde er, was er nie hatte werden wollen: ein später Soldat. Keine heldenhafte Gestalt, die mit Wehr und Waffen und Löwenmut für die Geliebte kämpft. Seine Kriegswerkzeuge waren Schrubber und Besen, allenfalls einmal der Spaten oder eine Schreibmaschine. Und ein Bleistift, mit dem er aufschrieb, was um ihn herum geschah. Jetzt waren vorwiegend Männer aus beiden Schlesien seine Kumpel – oder, wie man früher vornehmer sagte, ›Kameraden‹. Dominiumskutscher, Fabrikschlosser, Maurer, Hutmacher – lauter Schlucks und Jaus. Er hat ihre Sprache in sich aufgenommen und später von ihnen erzählt.

Auch Gefangener war er noch in der Stadt. Immer ist der Liebhaber der Gefangene der Geliebten. Aber doch nicht so... Er ist später heimgekehrt – ins Kindheitsland zunächst. Nur meinte er, es inzwischen in anderer Gestalt wiedererlebt zu haben. Auch davon wird er bald erzählen.

Laßt ihn jetzt anfangen. Ich, Silesius Anonymus, ziehe mich zurück. Zum Schluß des Vorworts gestehe ich, daß ich dieselbe Geliebte hatte wie er. Vielleicht bin ich sogar er. Aber wer sich an meine ersten Sätze zurückerinnert, mag auch das nicht mehr so schlimm finden. Juju, neenee.

I. Kapitel
Das zehnfach interessante Land

Die Heilige und die Hürchen

Es gilt in Deutschland immer als guter Stil, eine Rede oder Schreibe mit Goethe anzufangen oder aufhören zu lassen. Für das traurige Ende unserer Geschichte hat Goethe nichts Rechtes beizubringen. Fangen wir also mit ihm an, zumal das Wort ›Schon Goethe hat gesagt‹ manchen Wahrheitsbeweis erspart. »Seit Anfang des Monats bin ich in diesem zehnfach interessanten Land«, sagt er 1790 und nennt Schlesien noch zusätzlich »ein sonderbar schönes, sinnliches und begreifliches Ganzes«. Gut, er hatte das Endprodukt vor sich, durfte es auf leidlichen Landstraßen ›erfahren‹ und war als Minister noch mehr geehrt worden denn als Dichter. Schließlich hatte man ihn in amtlicher Eigenschaft ins schlesische Feldlager seines Herzogs Karl August berufen. Weil aber der erwartete Krieg gegen Österreich ausblieb, den der Herzog als Verbündeter des Preußenkönigs mitmachen sollte, schaute sich Goethe Land und Leute an und inspizierte als Fachminister die Bergwerke. Wie Schlesien zu dem von ihm gepriesenen Ganzen geworden war, bekümmerte ihn wahrscheinlich nicht allzusehr. Aber gerade dabei – bei dem Prozeß, den wir Geschichte nennen – hatte es sehr viel Unschönes, Unsinnliches und Unsinniges und auch Unbegreifliches gegeben.

Lassen wir das ganze frühe Durcheinander von Völkerzügen und Kriegen einmal weg. Lassen wir die geschäftstüchtigen Römer auf ihren Handelsstraßen im I. Jahrhundert abziehen, die Vandalen untergehen, Wenden und Polen ins Land kommen, die Tschechen Besitz ergreifen, und begeben wir uns gleich in ein Zeitalter, wo es im goetheschen Sinne schön, sinnlich und begreiflich wird. Wo SCHLESIEN DEINE DEUTSCHE den noch ziemlich urweltlichen, will sagen urwaldigen Schauplatz betritt: die heilige Hedwig.

Wie's dazu kam? Herr Berthold von Andechs, Markgraf von Istrien, Herzog von Meran, Dalmatien und Kroatien, reitet im Heiligen Lande irgendwo zwischen Akko und Jerusalem mit seinem Kreuzzugs-

kameraden Herzog Boleslaus dem Piasten. Im Gespräch stellen die beiden Herren fest, daß sie gleichaltrige Kinder haben, die man eigentlich verheiraten könnte: Hedwig und Henryk, zu deutsch Heinrich. Die künftige Schlesierin Hedwig hat in ihrer frühen Kindheit die Zugspitze im Föhnlicht gesehen und Steinchen in den Ammersee geworfen. Wenn's in Bayern zu kalt wurde, fuhren die Eltern standesgemäß in den milden Süden, nach Meran oder an die Adria. Mit sechs kam die Kleine in Kitzingen in die Klosterschule und verbrachte ihre Kindheit bis zum 12. Jahr in der sanft harmonischen Mainlandschaft. Da kommt eines Tages der Nachfahr des polnischen Bauern Piast aus Kruschwitz an der Netze mit dem Heiratsversprechen zweier Kreuzzugsväter in der Tasche und holt das Kind, nach einer rauschenden Hochzeit auf

Burg Andechs, – wohin? An einen großen Strom, in weithin menschenleeres Land. Jadwiga nennt er sie – oder zärtlicher Jascha. Das klingt hübsch für das Dirndl vom Ammersee. Und sie ist nicht zimperlich. Sie packt an, als sie in die Wälderwüstenei kommt. Sie holt Bauern, Priester und Mönche ins Land. Mönche, für die das Roden und Kolonisieren so gottgefällig ist wie das Beten: Zisterzienser. Aus Waldsassen kommen welche und aus dem thüringischen Pforta. Und weil Hedwig nicht pingelig ist, holt sie zum Galgen verurteilte Sträflinge und verspricht ihnen die Freiheit, wenn sie ihr das Land kultivieren helfen. 1202 gründet sie das Kloster Trebnitz, in dem noch heute die Polen ihre bayrische Jadwiga verehren. Wie es die Deutschen bis 1945 mit Hedwig taten... Diese polnisch-deutsche Ehe und Zusammenarbeit im Piastenhaus war ein so glückliches Ereignis, daß man sich wünschen möchte, die beiden Völker könnten sich an ihrem Grab wiederfinden. Hedwig ist die Patronin Schlesiens geblieben bis auf den heutigen Tag. Sie wurde bald nach ihrem Tod heiliggesprochen wie ihre Zeitgenossin Elisabeth von Ungarn, die auch schon mit 14 Jahren ihrem thüringischen Landgrafen angetraut wurde. Die beiden fürstlichen Damen taten unendlich viel Caritatives. Sie gingen in die Hütten der Armen und Elenden. Hedwig gibt eine Menge Geld für den Wiederaufbau, als die Oderstadt Breslau 1219 wieder einmal abgebrannt ist. Die dankbaren Breslauer haben seitdem die Landespatronin noch speziell zu ihrer eigenen gemacht. Ich erinnere mich: Im Herbst 1944 gab es in der Stadt die ersten Luftalarme. Die abscheulichen Kuckucke in den Radioapparaten riefen, die Sirenen heulten, und im Keller hörten wir, daß sich starke anglo-amerikanische Kampfverbände dem Raum Breslau näherten. Aber zum ›Raum Breslau‹ gehörten auch Trebnitz und Hedwigs Ruhestätte. Im letzten Augenblick drehten die Verbände ab. Keine Bomben fielen. Entwarnung. »Der Schutzmantel der heiligen Hedwig ist über die Stadt gebreitet«, hörte man fromme Breslauer sagen. Als die Stadt schon längst ›Festung‹ war und weitgehend zerstört, hörte ich es sogar noch von Unfrommen: ein unbändiger Glaube daran, daß Hedwig das Schlimmste nicht zulassen werde. Vielleicht war das gar nicht so einfach für sie, da sie doch auch Jadwiga gewesen ist.

Heilig werden ist überhaupt nicht einfach. Nach dem Tod ihres siebenten Kindes legte sie das Gelübde immerwährender Keuschheit ab.

Sie war erst 34 Jahre alt. Der hohe Gemahl mußte sich fügen. Ihr Sohn, der zweite Heinrich, ein polnisch-deutscher Fürst dieses ritterlichen Saeculums, zieht 1241 mit seinem Heer gen Liegnitz, als die wilde Völkerwoge der Mongolen von Osten her das Land überflutet. Heinrich fällt, sein Heer wird geschlagen – aber Dschingis Khans siegreiche Mongolenwoge rollt plötzlich wieder zurück, hinterläßt ein wüstes, leeres Land. Verbrannte Erde. Hedwig sucht mit ihrer Schwiegertochter Anna die Leiche des Sohnes auf dem Schlachtfeld von Wahlstatt. Sie findet sie mit abgeschnittenem Kopf. Der Rest ist Schweigen. Heiligkeit vor dem Tod. Sie küßt Priestern und Armen die Füße. Wäscht sich mit dem Fußbadewasser der Nonnen von Trebnitz. Geht barfuß durch Dornengestrüpp. Heiligsein ist schwer.

Der musikalische Jubel barocker Kirchen überglänzt diese späten Dunkelheiten. In Trebnitz. Im Benediktinerkloster Wahlstatt, das zum Gedenken an den Tod Heinrichs II. gegründet wurde und wo Dientzenhofer seine gewaltige Kirche baute.

Noch bis in die Gegenwart hinein haben die Kinder in der Umgebung sich zugetuschelt, hinter dem Hauptaltar lägen sieben Säcke voll Christenohren, die die Mongolen einst abgeschnitten hätten. Im nicht minder prächtigen Grüssau hat Hedwig ihren Seitenaltar, und sogar im Kuppelgemälde von Diessen am Ammersee schwebt, inmitten barokker Fülle, die Schlesierin aus Oberbayern, die längst zur Legende, zum etwas verblaßten Heiligenbildchen wurde. Daß sie einmal sehr tüchtig und vital gewesen ist, hat ihr einer bezeugt, der es gar nicht mit Heiligen hielt: der Preußenkönig Friedrich II. Nachdenklich stand der ›widerspenstige Schüler des Calvin‹ in Trebnitz an ihrer Gruft und sagte: »Meine Frau Tante« – er rechnete sich zu ihrer Familie – »hat gut gearbeitet.« Kam ihm die Einsicht, daß kolonisieren besser ist als Kriege führen? Jedenfalls hat er ihr die Hedwigskirche in Berlin gebaut.

Trebnitz ist in späteren Jahrhunderten ein Wallfahrtsort geworden, zu dem die Pilger von weither kamen: aus Polen, Litauen und Rußland, aus Böhmen und Mähren. Von wunderbaren Gebetserhörungen wird berichtet. Konvertiten malten Hedwig in der Barockzeit oft auf das Panier ihrer Intoleranz. Charlotte, die Schwester des letzten Piasten, legte an ihrer Gruft einen Dauerbetrekord ab. Später hat sie in den heiligen Bezirken eine nicht nur religiöse Affäre mit einem jungen Grafen Béthune, einem Neffen der polnischen Königin. Deutsch-polnische Verständigung vollzieht sich nun unter ganz anderm Vorzeichen als dem der frommen Askese. Leichtlebige Damen des schlesischen und polnischen Hochadels feiern in Trebnitz im 17. und 18. Jahrhundert mühsam religiös verbrämte Liebesfeste. Mit elegant verspieltem Rokoko wird jetzt der schwere Ernst romanischer Portale zugedeckt. Schlesien deine Mätressen.

Der Türmer mit dem Fernrohr

Im April 1945 hatten wir auf dem Wasserturm in Breslau-Carlowitz einen Posten mit Scherenfernrohr. Seine Aufgabe war nicht aufregend. Die Front hatte sich dort oben im Norden der Stadt festgefressen. Höchstens nachts gab es manchmal kurze Schießereien mit den Russen am Flüßchen Weide. Vorpostengefechte. Der Mann auf dem Turm – zum Sehen geboren, zum Schauen bestellt – freute sich, wenn er einmal

Besuch bekam. Er zeigte uns durch sein Rohr das Katzengebirge bei Trebnitz, sehr früh schon im vollen Frühlingsglanz der Wälder und Wiesen. Wir sahen Frauen auf den Feldern arbeiten, daneben russische LKWs. Wir waren noch immer in einer eingeschlossenen Festung. Die dort waren frei. Wie frei? Jedenfalls wurde nicht mehr geschossen. Ein vielleicht trügerischer Friede im Bannkreis der heiligen Hedwig.

Im Herbst 44 hatten wir dort wochenlang geschanzt. Wir – Hunderttausende von Männern, Frauen, Alten, Kindern –, Aktion Bartold genannt. Ein gewaltiges Abwehrsystem von Schutzgräben und Panzerfallen, das den feindlichen Vormarsch endgültig zum Stehen bringen würde. So hieß es. (Nicht einen halben Tag hat es ihn aufgehalten.) Wir lernten in diesem glühendheißen Herbst das Land kennen. Bei Militsch, Trachenberg, Herrnstadt, Fraustadt. Ein ganz anderes Schlesien als das der Fremdenverkehrsprospekte. Ein sehr einsames Land. Mit fischreichen Seen und Grenzwäldern. Das ›Land eiber der Auder‹. So hießen sich die ›über der Oder‹, die Menschen nördlich vom Strom. Sie redeten dort nicht mit dem vertrauten, ›gemittlichen‹, literaturwürdigen Gebirgsschlesisch. Sie hatten seltsame Vokalverschiebungen, einen breiten Dialekt mit Umlauten. Etwas von der Melancholie der riesigen Grenzwälder schien auf sie abgefärbt zu haben. Sie wohnten auf der ›Lausigelseite‹ der Oder. Die südlich vom Strom, wo es fetten schwarzen Boden gab, nannten ihr Land die ›Herrenseite‹.

Aber mir gefiel es bei den Lausigeln besser. Herrenseite – das hieß Herrensitze, hieß Dominium und riesige Felder. Rübenfelder. Rübenzuckerfabriken. Der Franzose Achard hatte dem Land keine architektonische Glücksstunde gebracht, als er es im Auftrag des Preußenkönigs mit der Rübenzuckerfabrikation vertraut machte. Eiber der Auder gab es richtige Bauerndörfer im Baumschatten. Gab es die unermeßlichen Grenzwälder, duftend nach Beeren und Pilzen, mit Hirschen, Rehen, Damwild. Vogelparadiese mit Fasanen, Rebhühnern und schwarzen Störchen. Noch nie hatte ich so unermeßlich weite Hecken voll reifer Brombeeren gesehen. In dieser Landschaft, in Trachenberg, war der Dichter Gerhart Pohl daheim. Hier spielte sein Roman vom Verrückten Ferdinand, der den Reichtum der Wälder in klingende Münze umwandelte. Beim Türmer von Carlowitz dachte ich manchmal sehnsüchtig ans Neiderland.

Was man vom Carlowitzer Turm nicht sehen wollte, war das leidende, gequälte, brennende Breslau. Seit vielen Wochen stand tags die Rauchsäule, nachts die biblische Feuersäule darüber. Aber südlich der Stadt sah man ein anderes Sehnsuchtsland, den Zobten. An jedem schönen Tag seit Januar hatten wir seine eindrucksvolle Kontur im Südwesten gesehen, waldblau, in den Dunst entrückt, sehr nahe an klaren, kalten Wintertagen. »Von dort kommt die Befreiung«, hieß es in den ersten Wochen der Einschließung. »Bei Schweidnitz stehen die bereit, die den Ring um Breslau aufbrechen.« Sie kamen nie... Als Tauwetter einsetzte und wir nachts in saugender, schmatzender Nässe in den Gräben standen, fingen einige unter uns an, flüsternd von alten Prophezeiungen zu reden. Beim Zobten würde sich was tun. Dort sei der Nabel der Erde, die sich auftun würde und die Ungerechten verschlingen. Wir wußten alle, wen sie damit meinten.

Wir waren in schönen Sommertagen an diesem Omphalos Zobten gewesen, unter Ausflüglern und Schulklassen. Kinder und Erwachsene machten Witzchen über die seltsamen Figuren am Berg. Ober die Frau mit dem geheimnisvollen Fisch nahe ihrem Schoß, über rätselhafte Tiere. Kunsthistoriker und Historiker quälten sich mit der Deutung herum. Sie kamen nicht viel weiter damit als ihre Kollegen mit dem Rätsel der Steinfiguren auf den Osterinseln. Illyrisches, Vandalisches? Zeugen der Bronzezeit? Es war ein Geheimnis um den Berg. Deutsche Siedler hatten ihn ebenso zu ihrem Heiligtum gemacht wie die polnischen. Die Slawen sollen ihn ›Slenz‹ genannt haben, und daher, heißt es, komme das Wort Schlesien. ›Zobten‹, der Name von Berg und Stadt, soll wiederum mit ›Sobotka‹ – Sonnabend – identisch sein. Immer waren es Vermutungen, die zu Weissagungen führten, und vor Zeiten sollen sogar Einsiedler und Propheten im Berg gehaust haben. Hedwigs frommer Schutzmantel und die erstarrten Dämonen des Zobten weckten gleichermaßen Ängste und Hoffnungen in vielen abergläubischen Gemütern des belagerten Breslau. Wir sind damals alle abergläubisch gewesen.

Später habe ich den Zobten noch einmal gesehen. Im Juli 1945. Aus der Breslauer Lazarettgefangenschaft als Invaliden entlassen, machten wir uns auf einen qualvollen Heimweg, einen Fußmarsch von über 300 Kilometern. Ausgesogenes, verheertes, leeres Land. Der waldige Kegelberg mit dem Doppelgipfel lag im Sommerdunst. Er narrte uns. Bald schien er nahe zu sein, bald fern zu liegen. Wir gingen im Kreise. In den Wiesen und Feldern lagen Minen. Lagen unbestattete Tote. Deutsche und Russen. Überreife Wiesen, ein irres Blühen in Blau und Rot. Kornblumen, Mohnblumen. Wenige Menschen noch in den Dörfern, aber keine Tiere mehr. Die Stille des Todes. Nur Schwärme von Fliegen, klebrig, widerlich, die keinen Nachtschlaf gönnten.

»Dem Turme geschworen, gefällt mir die Welt...« Der Türmer mit dem Scherenfernrohr konnte nicht in die Zukunft schauen. Die Gegenwart der brennenden Stadt und der unerreichbaren Berge gefiel ihm nicht. Zu seinem Glück wußte er nichts von Goethes Gedicht, noch kannte er dessen Prosa vom »sonderbar schönen, sinnlichen und begreiflichen Ganzen«, das sich seinem apollinisch harmonisierenden Gemüt in Schlesien dargestellt hatte. Mag es sich wirklich einmal aus brodelnder Wirrnis der Frühe geformt haben – 1945 wurde es wieder zum Chaos.

Die Straße der Kindheit

»Wir gehen noch mal rasch über die Hohe Straße«, hieß es in meiner thüringischen Kindheit, wenn die Eltern zwischen Kaffee und Abendbrot einen kleinen Spaziergang mit mir machen wollten. Die Hohe Straße war ein Sandweg, für Bauernwägelchen und Holzfuhren nur schwer befahrbar, uneben, voller Steine und Baumwurzeln. Farne wuchsen weglang und Heidelbeerbüsche. Die Lehrer erzählten uns in der Heimatkunde, die Hohe Straße sei einmal einer der wichtigsten Handelswege von Deutschland gewesen. Auf ihr seien die großen Planwagen mit wertvollen Kaufmannsgütern gefahren – von Franken, vom reichen Nürnberg, nordwärts in die nicht minder reiche Messestadt Leipzig. »Und noch weiter ostwärts«, sagten die Lehrer. Sie sagten nicht ›nach Bunzlau und Breslau‹. Sie sagten erst recht nicht ›nach Krakau‹... So weit dachten daheim in Thüringen die Volksschullehrer nicht.

Dabei war auf dieser Straße auch einmal Menschenfracht gefahren worden. Siedler aus Franken und Thüringen zogen auf ihr im Mittelalter nach Osten. Nach Schlesien. Bauern, die in den nach dem Mongolensturm entleerten Gebieten seßhaft werden wollten. Die die Kolonisierungsarbeit der Mönche in zäher Kleinarbeit fortsetzten. Deutsche aus Main- und Moselfranken gründeten Städte im östlichen Land. Oft nach dem Muster ihrer Städte. Brachten ihr Recht mit, ihre Heiligen und ihre Bräuche. Im 15. Jahrhundert bestimmte Nürnberg mit Peter Vischer und Veit Stoß die Plastik Schlesiens. Man stellte Pfingstmaien vor die Tür, wie wir's in Thüringen auch noch getan haben. Wie daheim wurden der Winter und der Tod ausgetrieben. Man hielt natürliche Nachbarschaft mit den Polen, die noch bis zum Ende des 18. Jahrhunderts in den schlesischen Flußebenen bis dicht an die Mauern von Breslau in ihren Straßendörfern seßhaft waren.

Wie Goethe reiste 13 Jahre später seine Freundin Charlotte von Stein durch Schlesien. Und sie wunderte sich über etwas anderes als der weimarische Herr Minister. 1803, als sie auf dem Gut Strachwitz zu Gast war, schrieb sie an Schillers Frau Charlotte, sie hätte beim Sonntagsspaziergang junge Mädchen von 12 bis 16 Jahren hübsche Lieder im Chor singen hören. Sie habe sie gebeten, ihr etwas vorzusingen. Da hätten sich die Mädchen geziert, weil sie Angst hatten, die Burschen auf der nahen Kegelbahn würden sie auslachen. Und dann hätten sie doch gesungen: deutsch und polnisch... Noch 1866 gab es im Oelser Kreis fünf- bis sechsmal im Jahr polnische Predigten. 1874 wurde dort am 5. Sonntag nach Trinitatis, laut Kirchenliederbuch, das letzte polnische Lied gesungen. Die Schule und die Kirche – und die allgemeine Wehrpflicht haben das Polnische allmählich verdrängt. (Wie in der alten k. u. k. Monarchie Korporale die deutschen Sprachkenntnisse mehr verbreitet haben als alle Universitäten ihrer Länder. Oft waren sie freilich danach...)

Als ich nach Schlesien kam, sagten die Freunde, ich werde mich schon deshalb dort bald daheim fühlen, weil ich ja unter Stammesverwandte käme. Es stimmt: ich habe mich bald daheim gefühlt. Ein neues Buch, das Will-Erich Peuckert, der bedeutendste schlesische Volkstumsforscher – er starb 1969 – herausgebracht hatte und das ›Schwarzer Adler unterm Silbermond‹ hieß, sollte mich noch vertrauter machen mit der neuen Wahl- und alten Väterheimat. Die nannte Peuckert zu meinem Erstaunen ›eine Landschaft aus dem Heimweh‹. Immer, meint er, habe der Schlesier ›Sehnsucht nach daheim‹. ›Der Traum Hessen in unser Land‹, sagt er, ›ein Traum aus Lächeln und Sehnsucht gemischt‹. 1940 ... Und die Sehnsucht des Schlesiers, unausgesprochen, tief innen – auch Peuckert war ein heimlicher Mystiker wie so viele seiner Landsleute –, geht ihm zufolge nach Hessen, Franken, Thüringen.

Auf meinem langen Marsch vom Juli 1945 kam ich eines Tages aus der Einsamkeit des verlassenen Zobtenlandes, des Riesen- und Isergebirges in den Bereich der Hohen Straße, auf die direkte Route Breslau-Liegnitz-Bunzlau. Hier gerieten wir entlassenen Invaliden in den großen Strom der Vertreibung. Wie ihre Vorfahren in Trecks vor einem halben Jahrtausend ins Land gekommen waren, mußten die Schlesier es jetzt verlassen. In Richtung Hessen, Franken, Thüringen.

So kehrte ich gleichzeitig mit vielen Menschen meiner Wahlheimat Schlesien in meine Kinder- und ihre Vorväterheimat Thüringen zurück. Bald führte ich meine Kinder über die vertrauten Waldpfade der Hohen Straße. Wir trafen dort oft Schlesier mit ihren Kindern beim Holzsammeln und Beerensuchen. Noch erkannten wir sie an ihrer Sprache. Ein Jahr später redeten auch die schlesischen Kinder thüringisch. Ihre Eltern aber sprachen von ihrer Sehnsucht nach der alten Heimat. Damit meinten sie Schlesien. 1940 wäre es, nach Peuckerts Meinung, Thüringen gewesen... Die Weltgeschichte ist so kurios, daß schlichte Gemüter sie kaum begreifen können. Vielleicht auch nicht die apollinischen Dichter. Die Mystiker am ehesten. Sie mögen daraus sogar Trost und Hoffnung schöpfen.

So auch Will-Erich Peuckert, wenn er am Ende seines Buches schreibt: ›Man könnte dies Schlesien von der Karte tilgen, könnte es zerreißen. Man könnte die Schlesier aus dem Lande treiben(!!!) oder sie verpflanzen – das Wesen Schlesien aber würde fort und fort bestehen... Wir schüfen ein Schlesien, das in uns vorhanden ist.‹

Das wurde wohlgemerkt 1940 geschrieben. Die Ausrufezeichen wurden 1970 gesetzt.

Der Mann mit dem Schlappschuh

Der große Kunsthistoriker Heinrich Wölfflin war von rechter Schweizer Art. Der Schüler Jakob Burckhardts wog seine hochkarätigen Deutungen bedachtsam. Blendender Feuilletonismus lag ihm fern. Wenn er aber uns Studenten gegenüber in ein unterkühltes Schwärmen geriet, dann mußte auf der Projektionsleinwand, beziehungsweise auf der darauf wiedergegebenen Bildleinwand schon Außerordentliches geschehen sein. Solches fand er auf dem Rübezahlbild des Moritz von Schwind. So ein Kerl, bei dem man die überdimensionalen Pantinen förmlich schlappen hörte! Ein Naturgeist, stark und schrundig wie seine Wettertannen, hinschreitend mit dem derben Knotenstock. Berggeist und Naturdämon. Ausspähend, wo es etwa bei den Menschen seines Reviers zu lohnen oder zu strafen gilt. Der Kobold aus den Nebeln, in denen er zum Giganten wächst, um mit den ersten Sonnenstrahlen wieder zu zerfließen. Nur seine Stimme hallt noch in Echo und Donnergrollen wider. Er fährt über die Hochgebirgsteiche, auch wenn kein Eis darauf ist. Er verwandelt sich in Tiere, manifestiert sich in Menschen. Oder war der spitzbärtige Carl Hauptmann, der Wanderer mit Schlapphut und Regencape, nicht eine Reinkarnation des Berggeistes? Er hat ihm ja auch eins seiner schönsten Bücher gewidmet. Geisterte Rübezahl nicht leibhaftig durch Gerhart Hauptmanns Glashüttenmärchen ›Und Pippa tanzt‹, in den Urweltschreien des alten Huhn und seinem Trinkspruch: »Blutt, schwarzes Blutt schmeckt gutt!«

Rübezahl, der Herr des Riesengebirges von Anbeginn... Aber die Volkskundler, die Vielesbesserwisser sagen, er sei auch erst mit den Siedlern ins Land gekommen. Nicht in Urzeiten aus den schauerlichen Klüften des Riesengrunds aufgestiegen. Ein Import aus dem lieblichen Moselfranken, ›Ruopenzagel‹ genannt. Auch in die Karpatenberge Siebenbürgens sollen ihn Siedler als ›Ropenzoogel‹ mitgenommen haben. Nein, meine Herren, der richtige Rübezahl ist in den schlesischen Gebirgen daheim. Er ist auch inzwischen nicht als heimatvertriebener Rückwanderer in Thüringen, Hessen oder Franken gesichtet worden. Er spielt noch immer die gläserne Harfe der Eiszapfen an den Wetterfichten des Kamms, reißt nachts an den Fensterläden und Schindelwänden der Bauden, spielt die große Sturmorgel und lockt mit dem Silberspiel des Rauhreifs die Skiläufer in den Abgrund. Nur Zwerge hat er nicht, wie in einem allzu gefühligen Lied behauptet wird. Die sind ihm aus Köln oder Pinneberg zugelaufen. Er hat sie längst unter obligatem Schlappschuhgeschlapp in den Teichen ersäuft. Er muß allein sein und bleiben, groß und königlich, gut und böse.

Ob Goethe ihn erlebt hat, als er am 15. September 1790 die Schneekoppe bestieg? Nach Italien und der ›Iphigenie‹ ist es nicht sehr wahrscheinlich. In der balladesk prometheischen Zeit der ersten Harzreise hätte es noch zu einer solchen Begegnung kommen können. Aber im

Harz gibt's keinen Rübezahl. Es ist vielmehr anzunehmen, daß gerade der Fernblick aufs Gebirge dem olympischen Minister die klassischen Worte vom sonderbar schönen, sinnlichen und begreiflichen Ganzen eingegeben hat. Wer einmal vom Park in Warmbrunn den Gebirgszug von der Schneekoppe bis zu den Schneegruben erlebt hat, wird die stille Harmonie des Bildes nicht vergessen. Ludwig Richter und Caspar David Friedrich haben es gemalt. Der grüblerisch-melancholische Caspar David Friedrich hat die Dämonie der Rübezahlwelt empfunden und gestaltet, die dem liebenswürdigen Sachsen Richter versagt blieb. Ein dritter Romantiker, Carl Maria von Weber, hat sie in den Wolfsschluchtszenen seines ›Freischütz‹ Musik werden lassen. Sie wurden in Bad Warmbrunn komponiert.

Einmal während des zweiten Weltkriegs habe ich an einem ganz frühen Morgen, um die Sonnenaufgangsstunde, bei einer Wanderung durch betaute Wiesen nahe Warmbrunn das Riesengebirgsland von seiner idyllischsten Seite erlebt. Sehr fern war der Mann mit den schlapp-

enden Pantoffeln samt der Windorgel und den Nebelprospekten seines Zaubertheaters.

Ein paar Wochen später hörte ich Friedrich Kayssler im noblen friderizianischen Saal des Breslauer Stadtschlosses aus ›Die Leiden des jungen Werther‹ lesen: »Es war der herrlichste Sonnenaufgang. Der tröpfelnde Wald und das erfrischte Feld umher!... Dort die Spitze des Berges! Ach, könntest du von da die weite Gegend überschauen! Die ineinandergeketteten Hügel und vertraulichen Täler! O könnte ich mich in ihnen verlieren!« Der große, grüblerische Schauspieler aus den schlesischen Gebirgen, der Mann aus Neurode mit dem kantigen Schädel, muß vor seines Geistes Auge das Bild der Kindheitslandschaft gehabt haben. So wurde durch ihn Goethes Prosa herrlich wie am ersten Tag.

Ich begleitete Friedrich Kayssler am Nachmittag nach seiner Goethelesung zur Bahn. Ehe er mir auf dem Breslauer Hauptbahnhof die Hand zum Abschied reichte, sagte er: »Ich war glücklich, nach langer Zeit wieder einmal in der Heimat sein zu dürfen. Wenn alles gut geht, komme ich in zwei, drei Jahren wieder und lese Ihnen Christian Morgenstern.« Er meinte den Dichter der Kobolzverse von Palmström und den Galgenliedern, aber auch den Morgenstern der Ahnungen und Gesichte.

Es ging nicht gut. Kayssler starb unter tragischen Umständen bei der Besetzung Berlins. Sein Gesicht beim Abschied hatte nicht so ausgesehen, als ob er glaube, daß es noch gut gehen könnte.

Jodeln Schlesier?

Warum sollten sie nicht? Die Schneekoppe ist 1605 Meter hoch, also ebenso hoch wie einige beliebte Skilauf- und Wanderberge der Voralpen. Oder auch wie bayrische Hochalmen, auf denen ein prospektgläubiger Tourist neben glücklichen Kühen ebenso glückliche, lebfrische Sennerinnen und zitherspielende, jodelnde Buam erwartet. Meistens findet er in Wirklichkeit eine knochige, wortkarge Jungfrau im kanonischen Alter. Und gejodelt wird drunten im Dorf beim allwöchentlichen ›Heimatabend‹ für die Fremden.

Vielleicht hätten die Holzknechte aus Schwaz in Tirol, die im 17. Jahrhundert in die noch sehr menschenarmen schlesischen Gebirge einwanderten, das heimische Brauchtum mitbringen können. Man fand es nirgends mehr. Das Rübezählische, das schwer aus dem Wälderdunkel und den schauerlich finsteren Schluchten der Nordseite des Gebirges quoll, war wohl stärker als die schuhplattlerische Gaudi. Drüben, jenseits des Kamms, hätten die Tiroler freilich eine vertrautere Landschaft gefunden, melodisch verklingend in Hain und Flur. Aber da war Böhmen, und dorthin hatte man sie nicht gerufen.

Auch die Zillertaler, die 1837 in sehr viel breiterer Front anrückten, mußten nördlich des Kamms siedeln. Drüben, aus Österreich, waren sie ausgewandert, weil der ungute ›guate Kaiser Franz‹ ihnen die freie Betätigung ihres protestantischen Glaubens nicht gestattete. Sie wandten sich hilfesuchend an den Preußenkönig, der bei ihnen einen guten Ruf hatte, seit einer seiner Vorfahren, Friedrich Wilhelm I., hundert Jahre früher 15 000 Salzburger in Ostpreußen angesiedelt hatte, sehr zum Nutzen seines Landes. Friedrich Wilhelm III., mehr aufrechter Protestant als mannhafter König, konnte sich dem Appell an seine Toleranz aus Traditionsgründen nicht entziehen. Und da war eine Frau, die sehr viel mehr männlichen Verstand und Mut besaß, die Gräfin Friederike Reden. Die Hessin aus dem bekannten Geschlecht der Riedesel wurde, im Gefolge ihrer eingewanderten Vorfahren, eine der tüchtigsten Schlesierinnen. Man nannte sie ›Fritze‹ – das paßte gut zu ihr. Sie übte Caritas wie die heilige Hedwig und half auf ihrem Gut bei der Käse- und Wurstbereitung. (Das hatte Hedwig nicht getan!) Dazu war sie männlich tapfer. Als ihr Mann seinen Freund, den Freiherrn vom Stein, vor der Verfolgung Napoleons bei Nacht und Nebel im Schlitten über den Gebirgskamm nach Österreich rettete, fuhr sie den Männern einfach in einem zweiten Schlitten nach. Und Rübezahl war der gefahrvollen Expedition im tiefsten Winter hold.

Fritze war Pietistin, aber alles andere als eine Frömmlerin. Nachdem Graf Reden vom König als Minister abgesetzt worden war, hatte er ihr bei Schloß Buchwald einen englischen Park angelegt, in dessen einem Teich sich – eine romantische Caprice – die Schneekoppe spiegelte. Eine nur meditative Dame wäre mit deren Betrachtung hinlänglich beschäftigt gewesen. Nicht Fritze Reden. Ihre Energie drängte nach Taten. Da kamen 1837 die protestantischen Tiroler ins Land, denen ihr Kaiser die Auswanderung erlaubt hatte: 440 Bauern und Handwerker. Mit Frau und Kind und Roß und Wagen. Sie hatten die Majestät von Preußen um Ansiedlung in einer Gegend gebeten, ›deren landwirtschaftliche Verhältnisse mit unserm Alpenland eine gewisse Ähnlichkeit haben‹. Wohin mit ihnen?

Sie kamen in Schmiedeberg an. Hilflos, ratlos, manche wohl auch schon verzagt. Ihr Anführer, der Schuhmacher und Weber Johannes Fleidl, ging zum König. Dem hatte die Gräfin Reden gesagt, wo man das neue Zillertal gründen könne – nahe seinem Schloß Erdmannsdorf. In der Zeit vom 20. September bis 17. Oktober empfing sie selbst die vier Trecks der Tiroler. Sie ordnete an, daß man ihnen drei Dörfer – Nieder-Zillerthal, Mittel-Zillerthal, Hohen-Zillerthal – im Stil der Heimat baute. Sie stand den mutigen Frauen und auch manchen mutlos werdenden Männern tatkräftig bei. Sie konnte nicht verhindern, daß etwa hundert Siedler es nicht in Rübezahls unheimlichem Herrschbereich aushielten, sondern in den föhnverklärten Süden zurückgingen. Aber die anderen blieben. Sie wohnten in festen Holzhäusern mit geraniengeschmückten umlaufenden Balkonen. Gingen abends in Gasthäuser, die ›Alpenrose‹ oder ›Weißes Rößl‹ hießen. Verehrten Fritze, die Gräfin Reden so, daß sie sie ›Muetter‹ nannten. Ihre Namen waren Oblasser und Lublasser, Steindl und Schiestl, Schönherr und Schwaiger. Der wackere Fleidl hatte von daheim den Samen einer Zirbelkiefer mitgebracht, die als Baum noch lange wehmütige Erinnerungen weckte. Inzwischen hatte wohl die Sprache der jungen Generation die rauhen Gurgellaute des Tirolerischen verloren. Die Alten hatten sicher noch für die verehrte Protektorin die Zither geschlagen, von Almenrausch und Edelweiß gesungen und auf Wunsch auch gejodelt. Als ich Zillerthal kennenlernte, erschien es mir wie ein wunderliches Riesenspielzeug: ein Alpendorf, ins schlesische Vorgebirgsland transferiert. Man sah noch holzgeschnitzte Passionsgesichter auf den Straßen. Dinarische Nasen. Jodeln aber habe ich keinen hören. Der liebe Gott hat auch diese Menschen in seinem großen Völkertopf namens ›Schlesisches Himmelreich‹ mit eingerührt. Er machte aus derben ›Speckchknödeln‹ freundliche ›Mohnkließla‹. Ach, Deutschland, deine Schlesier – warum sind sie denn so begabt, so phantasievoll? Dichter, Künstler, Spinner, Spieler und Erfinder, Ärzte und Kurpfuscher, Mystiker und Propheten? Scharenweise werden sie in diesem Buch noch anrükken. Es liegt an der wunderlichen und wunderbaren Mischung. Weil wir in Rübezahls Reich sind, wollen wir noch rasch und ehrenvoll der Laboranten gedenken, die zwei Jahrhunderte lang als Kräutersammler Heil- und Zauberkräftiges aus dem Waldboden gruben, um es zu destillieren und zu mischen.

»Osterluzei fer de Schwären,
Und fer 'sch Harze Fingerhutt,
Sirup vo Holunderbeeren,
Dar dan Schweiß gutt treiba tutt.«

Zwei wegen eines Duells relegierte Prager Studenten sollen im 17. Jahrhundert mit dem Gewerbe begonnen haben. Wunderheilungen brachten es zu hoher Blüte, bis ihm akademisch gebildete Ärzte und Apotheker im 19. Jahrhundert den Garaus machten. Dichter wie Holtei und Fontane haben noch die Laboranten verherrlicht. Der letzte von ihnen, Ernst August Zölfel, starb 1884, vom alten Kaiser Wilhelm I. mit dem Kronenorden 4. Klasse dekoriert. Vierter Klasse, aber immerhin...

Das Seltsame ist nun: der Schutzpatron der Krummhübler Laborantengilde hieß Rübezahl. Man munkelte, daß sie mit ihm, mit dem Teufel und den Tiroler Holzfällern im Bunde stünde. Ihre Angehörigen waren Ketzer, Protestanten – viele Thüringer darunter. Trotzdem galten, nächst den Messen und Märkten, die katholischen Wallfahrten als ihre sichersten Absatzgebiete. Die letzten Produkte, die aus ihren Destillieröfen übrigblieben, waren die köstlichen schlesischen Kräuterschnäpse. Der allerletzte ist mit seinen Schlesiern weit in den Westen und über die deutschen Grenzen vorgedrungen: der ›Stonsdorfer‹.

Das großartige schlesische Völkergemisch hat man einmal in jüngster Vergangenheit auf den nordischen Vordermann bringen wollen. Das konnte nicht gutgehen. Plötzlich fand jemand heraus, daß die Piasten gar keine polnischen Fürsten waren und nichts mit dem Bauern Piast zu tun hatten, sondern von blauäugigen Warägern abstammten. Und Rübezahl sollte erblonden und, statt aus dem Riesengrund, aus Siegfriedswäldern kommen. Der letzte schlesische Gauleiter – unrühmlich bekannt durch seine Flucht aus der Festung Breslau, die er bis zum letzten Blutstropfen zu verteidigen befahl – gab eines Tages den Künstlern des Landes Richtlinien. Sie sollten aus einer neuen Sicht heraus mehr nordisch-heldische Rübezahle malen und mehr Akte.

In einer feierlich eröffneten Kunstausstellung mit Lorbeerbäumen und Streichquartett wurden die Produkte hergezeigt. Wändelang rückten die germanischen Rübezahle an – es war ein Panoptikumsschrecken. Und einer von ihnen war sogar nackt. Da hatte ein ganz Schlauer gleich zwei Gauleiterfliegen mit einer Klappe geschlagen.

Der wahre Rübezahl aber, der Mann mit den schlappenden Pantinen und dem Knotenstock, hat sich für diese Unbill fürchterlich gerächt. Wie, das wissen wir alle. In welche Gegend dabei die Zillertaler und die Nachkommen der Schwazer Holzknechte geraten sind, weiß ich nicht.

Schlesier rühmen sich, und Goethe paßt

Daß nicht germanische Einfalt, sondern eine verwirrende, aber um so produktivere landsmännische Vielfalt das Wesen des Schlesien ausmachte, haben die Dichter bezeugt. Hermann Stehr: ›Der Schlesier legt sich schlafen wie ein Flame, springt wie ein draufgängerischer Franke in den Tag und verliert sich, von einem sentimentalen Böhmen oder Wenden an der Linken, von einem verträumten Thüringer an der Rechten geführt, durch den Abend in die Nacht.‹ Beinahe hätte es des ›Wie‹ nicht bedurft, denn alle diese Stämme sind ja im Schlesier vereint. Und es sind sogar noch mehr. Die Polen und die Tiroler zum Beispiel feh-

len. Und noch ein höchst intelligenter Zeuge macht seine Aussage. Gustav Freytag, geboren 1816 in Kreuzburg: ›Wer unterhält seine Kameraden auf der Gesellenbank? Der Schlesier. Wer weint mit der Geliebten im Mondenschein? Der Schlesier. Wer wischt sich die Tränen mit dem Tabaksbeutel ab und denkt zuletzt: »Es ist doch alles wurscht.« Der Schlesier. Wem steigt der Wein am schnellsten zu Kopf, und wer hält doch am längsten beim Becher aus? Wieder der Schlesier. Wer verzückt sich am tiefsten in mystischer Gottseligkeit, und wer spricht am gleichgültigsten mit dem Teufel? Immer der Schlesier... Alles, was man auf Erden nur werden kann, wird der Schlesier mit Leichtigkeit.. .‹

Und vor diesem Fragenkatalog hat Freytag noch die Feststellung gemacht: ›Gar wenig kennt man im übrigen Deutschland das schöne Grenzland gegen Polen... Zu wenig kennt man das Volk, das dort zwischen Berg und Stromlauf lebt.‹

Goethe hatte beide 1790 kennengelernt, sozusagen auf Befehl seines Herzogs. Und das Ergebnis war sein Wort vom zehnfach interessanten Land, das wir inzwischen reichlich bestätigt gefunden haben. Am Ende der Reise wurde es ihm des Interessanten zuviel. Er kam nach Oberschlesien und Galizien, besichtigte die Zechen von Malapane, fuhr in Tarnowitz und Wieliczka in die Gruben ein. Und bekam plötzlich Sehnsucht nach Weimar. »Es ist all und überall Lumperei und Lauserei«, schreibt er an Herder, »und ich habe gewiß keine eigentlich vergnügte Stunde, bis ich mit euch zur Nacht gegessen habe... Wenn ihr mich lieb behaltet, wenig Gute mir geneigt bleiben, mein Mädchen treu ist, mein Kind lebt, mein großer Ofen gut heizt, so hab' ich vorerst nichts weiter zu wünschen.« Zu deutsch: sein frankfurtisch-reichsstädtisches Empfinden und sein weimarisch-höfisches Behagen hatten genug vom zehnfach interessanten Osten und sehnten sich ins westliche Glück zurück.

2. Kapitel
Im Licht der Geschichte

Die Dame aus Wien

Dem Titel ist Ironie beigemischt. Das Licht der Geschichte ist oft recht diffus. Sagen wir, das Dunkel ist licht genug, die großen Gestalten darin zu erkennen. Die weniger großen auch.

›Männer machen Geschichte‹ heißt ein stolzes, selbstbewußtes Wort. Natürlich hat es ein Mann geschrieben. Manchmal machen aber Geschichte auch die Frauen. Die Königin von Saba, Cleopatra von Ägypten, Christine von Schweden, die englische Elisabeth, die ihrem Zeitalter den Namen gab, Maria Theresia – darüber kommt kaum ein Mann hinweg. (Einige dieser Damen machten auch Geschichten, wie ihre Schwestern Maintenon und Pompadour.)

Bleiben wir in unserm Buch zunächst bei Maria Theresia. Trotz ihrer 16 Kinder ist sie eine Frau von männlich klarem Geist, groß und souverän. Keine Schlesierin. Aber mit Schlesiens Geschichte doch auf besondere Weise verbunden. Sie soll gesagt haben: »Schlesien ist der Edelstein in meiner Krone.« Monarchen reden fast immer lesebuchreif. Und: »Friedrich, der böse Mann, hat mir den schlesischen Garten genommen und nur den Zaun gelassen.« ›Der böse Mann‹ klingt sogar ein bißchen nach Volksschulunterklasse.

Die Fürsten benahmen sich nicht sehr kavaliersmäßig, als die Tochter Karls VI. auf den Thron gekommen war. ›Eine Frau am Steuer (des Staates)‹, – das durfte nicht sein! Franzosen, Bayern, Preußen fuhren ihr höchst unfair an den Karren. Der böse Mann Friedrich hat es sogar dreimal getan und einmal sieben Jahre lang, bis er Schlesien einkassiert hatte. Eine müßige Frage – doch soll sie gestellt werden –, was wäre aus Schlesien geworden, wenn es bei Österreich geblieben wäre? Säßen vielleicht heute noch die Schlesier dort? Daß die Ergebnisse des Hubertusburger Friedens zunächst gar nicht so glücklich für das Land gewesen sind, werden wir gleich erfahren. Seit Anfang des 14. Jahrhunderts achtzehn (!) regierende Fürstenhäuser Schlesien unter sich geteilt hatten, gab es ein Vierteljahrtausend lang ein ständiges Gerangel um die schlesischen Länder. Sie wurden samt ihren Bewohnern verkauft und verpfändet. Bis nach dem Tode des letzten Piasten 1675 der Kaiser in Wien auch noch die Herzogtümer Liegnitz, Brieg und Wohlau in Besitz nahm. 200 Jahre blieb Schlesien österreichisch. Hätten damals schon auf dem Thron in Wien weitherzigere Männer gesessen – Monarchen vom Schlage der Maria Theresia –, dann hätte vielleicht die Geschichte Europas in diesem neuralgischen Ostraum eine andere Entwicklung genommen. Mit dem nicht unbedeutenden Leopold I. ist viel äußerer Glanz, vor allem in Breslau, verbunden. Die Universität dort und ihre prunkvolle Aula tragen seinen Namen. Die Jesuiten, des Kaisers liebste Schützlinge, ließen sich in dem gewaltigen Bau mit der imponierenden Oderfront nieder. Das Breslau der gotischen Backsteindome begann jetzt sein österreichisches, ja sein wienerisches Gesicht zu bekommen. Unter Joseph I. und Karl VI. nahm der rauschhafte Prunk der Kirchen, Säle und Kapellen noch zu. Die berühmtesten süddeutschen Barockmeister haben ihre malerische und dekorative Ausstattung übernommen. An den Dom wurden die Elisabethkapelle des Italieners Giacomo Scianzi und die Kurfürstenkapelle Fischer von Erlachs angebaut. Als ich im Juli 1945 durch die grausige Trümmerlandschaft der Dominsel und des zerstörten Doms ging, drang aus einer dieser wunderbarerweise erhalten gebliebenen Kapellen Orgelklang und Gemeindegesang. Die grandiosen Kloster- und Kirchenbauten von Leubus, Grüssau und Wahlstatt wurden damals vollendet. Die beiden Dientzenhofers, Vater und Sohn, waren als Architekten aus Prag hierher gekommen. Der Königsberger Michael Willmann schuf in der Grüssauer Klosterkirche sein gewaltiges Werk von 47 Bildflächen, deren schönste das stille innere Leuchten später Rembrandtscher Gemälde haben. Doch nicht Stille ist das Eigentliche in der barocken Kunst, sondern der Jubel der Ecclesia triumphans, der in der Gegenreformation über ihre protestantischen Widersacher triumphierenden katholischen Kirche.

Den schlesischen Protestanten erschien der rauschhafte Glanz als Demütigung. Die mächtigen Kirchen der Jesuiten, Benediktiner und Zisterzienser wurden ihnen zu Zwingburgen der Religion. Sie selbst bauten schlichte Saalkirchen vom Gebirge bis hinein in die Ebene. Die Katholiken beschimpften diese als ›Betscheunen‹. Ihre sogenannten ›Friedenskirchen‹ durften nur am Stadtrand errichtet werden, und nur leichtes Fachwerk, nicht der beständige Stein wurde ihnen als Baumaterial erlaubt. Später wurden ihnen sogar diese bescheidenen Kirchen wieder weggenommen und die Gottesdienste verboten. Die evangelischen Prediger gingen in den Untergrund, in Busch und Wald. Buschprediger nannte man die mutigen Männer im konfessionellen Maquis. Es bedurfte wieder einmal eines Schwedenkönigs, des unstet durch Europa ziehenden Karl XII., um den Protestanten ihre Rechte zurückzugeben, sie in Schlesien zu den früheren noch sechs weitere Friedenskirchen bauen zu lassen.

Der den Künsten und Wissenschaften zugetane Karl VI. hat nichts zu einer Besserung der durch Intoleranz verfahrenen Situation getan. Die Regierungen von Maria Theresia und des aufgeklärt liberalen Joseph II. standen unter dem tragischen Aspekt des ›Zu spät‹. Denn jetzt kam Friedrich II. von Preußen und nahm sich, worauf er einen fragwürdigen Anspruch zu haben behauptete. Er riß Schlesien nicht nur aus einem großen Wirtschaftsraum, sondern auch aus dem von den Politikern so oft gering geachteten Kulturraum heraus. Die schlesische Industrie war in den Handel der großen Donaumonarchie integriert. Die Märkte in Südosteuropa gingen ihr verloren. Auch der Wachauer, der mährische und ungarische Wein wuchsen näher als die Reben von Rhein und Mosel. Die Elbe und ihr Hafen Hamburg waren sehr fern. Lebensadern wurden jäh durchschnitten. Manche Industriezweige, wie die Hirschberger Leinenerzeugung der Schleierherren und die Greiffenberger Leinenindustrie, haben sich davon nie wieder erholt.

Auch lag die weichere, anpassungsfähigere Art des Österreichers, sein ›laissez faire – laissez aller‹ (auf wienerisch heißt's ›Schlamperei‹) dem labilen Schlesier mehr als die straffe Organisation der Märker, der Kommandoton des Preußentums. Die leicht wiegenden Takte von ›Prinz Eugen, der edle Ritter‹ sangen sich leichter als die Geschichtsfälschung im straffen Marschtakt: ›Fridericus Rex, unser König und Held‹. ›Sie gönnen mir nicht Schlesien und die Grafschaft Glatz‹, hieß es darin. Wer sagte ›unser‹? Die Wiener, die Österreicher? Aber gönnten sich denn die Schlesier selbst dem jungen und dem Alten Fritz?

Der böse Mann aus Preußen

Hedwig war eine Heilige gewesen, Maria Theresia war fromm, der Preußenkönig Friedrich der Zweite keins von beidem. Er war oft von einem bösen (›der böse Mann!‹), unerträglichen Zynismus. So wenn er in der neugewonnenen Provinz hohe katholische Geistliche zum Mahl einlud und sich auf ihre Kosten lustig machte. Sowas nannte er ›die komische Unterhaltung‹. Die geistlichen Herren fanden's nicht komisch. Die Protestanten freilich freuten sich. Jetzt zahlte er es ›denen‹ heim... Ihre Geistlichen ließ er in Ruhe. Verschonte sie mit der Ehre von Einladungen.

Im Staatsdienst aber ließ er die Katholiken, die in Schlesien vor allem in den oberen Gesellschaftsschichten und im alteingesessenen Adel zu finden waren, unangefochten gewähren. So klug war er. Der Zweck heiligte für ihn die Mittel. Darin gebärdete sich der Antijesuit jesuitisch, besser gesagt macchiavellistisch. Mit der österreichischen ›Ge-

mütlichkeit‹ – mag man das Wort positiv oder negativ nehmen – war's jedenfalls aus. ›Straffe Zucht‹ kam in Militär und Verwaltung. Wobei gleich anzumerken wäre, daß ›Gemütlichkeit‹ ein urschlesisches Wort ist. Mit Hofbräuhaus-Prosits und rheinischem Schunkeln hat es nichts zu tun. Es entspringt den mystischen Tiefen und Abgründen des Gemüts und ist eine Prägung des zeitgenössischen Grafen Nicolaus von Zinzendorf, des Gründers der Herrnhuter Brüdergemeinde. Auch Wörter und Begriffe können verkommen... Konfessionell war der Preußenkönig nach beiden Seiten ein Ketzer. Selbst seine Toleranz, die den Protestanten in Schlesien erst einmal Luft schaffte und sie zu seinen Anhängern machte, war nicht eindeutig. Böhmische Reformierte, die sich 1749 in einem Dorf bei Strehlen ansiedelten, das sie zu Ehren ihres Reformators Hussinetz nannten, schob er wieder gnadenlos nach Böhmen ab. Sein Festungskommandant Fouqué wollte in Glatz den Katholizismus mit Feuer und Schwert austreiben. Er ließ einen Priester hängen. Seine Befehle mußten von den Kanzeln verlesen werden. Als ›Ficket‹ wurde er noch auf lange Zeit der Buhmann für kleine Kinder.

Im übrigen machte Friedrich auch in Schlesien Alfieris, des italienischen Poeten und Patrioten, Wort wahr, daß seine Staaten zu einer einzigen großen Wachtstube wurden. Er schnürte die Städte ein, nahm ihnen die Atemluft, indem er sie zu Festungen machte oder schon bestehende Festungen ausbaute: Breslau, Neiße, Glatz. Das gesamte Glatzer Bergland wurde zur Festung gegen Österreich. Von den schlesischen Gütern ließ er die 14jährigen Buben holen, um sie ins Kadettenkorps zu stecken. Die Bauern im Glätzischen ließ er Pflichtwache leisten, damit sie die immer zahlreicher werdenden Deserteure einfingen. Wen sie erwischt hatten, der wurde im Spießrutenlaufen so zusammengeschlagen, daß er's oft nicht überlebte.

Nein, der ›böse Friedrich‹ war kein Vater der Soldaten wie der alte österreichische Radetzky. Das Wort ›Hunde, wollt ihr ewig leben‹ erscheint unter seinen Aussprüchen am glaubhaftesten. Doch war seinem Zynismus eine gewisse Eitelkeit beigemischt: er wollte originell sein. Popularität tat ihm offensichtlich wohl. Wir würden heute sagen, er hatte in seinem Kriegslager gute Public-Relations-Leute, die druckreife Anekdoten am laufenden Band fabrizierten. Die eine klingt durchaus glaubwürdig: Daß er einen Soldaten, der wegen eines Kirchenraubs angeklagt war, freisprach, weil dieser behauptete, die Madonna habe ihm den fraglichen Schmuck geschenkt. Die Bedingung für den Freispruch: »Keine Gaben mehr von Maria anzunehmen.«

Das allzu fromme Gerücht, daß sich das Gnadenbild von Maria Schnee im Glatzer Bergland auf den Spitzigen Berg in den Schutz des Preußenkönigs (gegen die Habsburger!) begeben habe, war selbst für eine Legende zu unglaubwürdig. So unglaubwürdig wie die Geschichte, daß der König im Kloster Leubus im Mönchsgewand bei der Messe assistiert haben soll, um den Österreichern zu entkommen. Da versagten die Meinungsmacher. Den Glatzern, die bis in unsere Tage zur Erzdiözese Prag gehörten, scheint Friedrich selbst – im Gegensatz zu seinen Fouqués – sympathisch gewesen zu sein. In ihrer Festungsstadt leistete er sich einen guten Witz. Den böhmischen Schutzheiligen Nepomuk, der mit dem Blick zum übrigen Schlesien auf dem Schloßturm stand, gab er das Kommando: »Kehrt marsch!« und ließ ihn nach Böhmen blicken. »Hier hat er nichts zu tun...« sagte er. Zu deutsch: Raus mit den Heiligen aus Schlesien.

Propagandakompanien aus Dichtern hatte der Preußenkönig nicht, wie später jener Mann, der Schlesien wieder verspielte. Den großen deutschen Dichter, der sein Zeitalter und ihn selbst in seiner ›Minna von Barnhelm‹ verherrlichte (Goethe im Zeugenstand: »die wahrste Ausgeburt des Siebenjährigen Krieges«), konnte er nicht leiden. Lessing mußte sein Stück in Hamburg herausbringen statt in Berlin. Ein gewisser Schiller war in seiner Armee. Aber das war der Vater, der Regimentsmedikus. Im harten schlesischen Feldzugswinter 1757 friert ihm das Bein bis übers Knie ab. Das Rheuma wird ihn nun zeitlebens plagen. Nach der Schlacht bei Leuthen schlägt er sich mühsam bis in die Festung Breslau durch. Dort schreibt er ›Meine Lebensgeschichte‹. Dem Sohn muß er viel von der Winterqual der fritzischen Soldaten erzählt haben. Im ›Wallenstein‹ findet man sie wieder.

Um Bildung und Schulen hatte es unter den Österreichern in Schlesien besser gestanden. Kanonen bauen lernte man in Oberschlesien besser unter der Preußenherrschaft. Wie denn überhaupt das Industrierevier jetzt seinen Aufschwung zu nehmen begann. Die oberschlesischen Wälder fingen an, in die Hochöfen der Zechen zu wandern. Ein eisernes Zeitalter begann, und es sollte nicht mehr allzulange dauern, bis man im Land die ersten Eisernen Kreuze schmiedete. Dies geschah allerdings schon in einer Zeit, als das musische Preußen der Humboldts, der Brüder Grimm, der Schinkel und Rauch vom Kernland Schlesiens Besitz ergriff. Und – unbegreifliche Wirrnis der Geschichte – gerade da fängt das schlesische Volk an, sich nach Österreich zurückzusehnen. Es wurde renitent. Ausgerechnet auf dem Gut der Redens, bei der tüchtigen Frau Fritze, wurde fünfmal Brandstiftung verübt...

Friedrich machte Breslau zur Messestadt und Grünberg zur Tuchmacherstadt. Er hat die Weichen nach dem Westen gestellt. Der (noch nicht erfundene) Zug der Zeit fuhr jetzt nach Berlin. Und es fuhren nachher auch viele Schlesier nach Berlin. Für immer. Darunter ein gewisser Adolph von Menzel, der kleine große Breslauer, eben 15 Jahre alt, der in seinen Historiengemälden das Bild des fritzischen Zeitalters, vom Flötenkonzert von Sanssouci bis zur Begegnung Friedrichs mit Kaiser Joseph II. auf der Schloßtreppe von Neiße, für die Zukunft bestimmte. Was wäre wohl aus ihm geworden, wenn Breslau österreichisch geblieben wäre? Seine frühen Bilder haben ein weiches, impressionistisches, pastellenes Kolorit, das etwas von wienerischem Charme besitzt. Schlug Berlin dem Künstler zum Glück oder zum Unglück aus? Das ist wieder die – vielleicht müßige – schlesische Frage. Sie ist zugleich die Frage des Verhältnisses von Friedrich zum Land Schlesien.

Um keine Zweifel zu erzeugen: Der genialste Hohenzoller war er. Auch wenn sein ›toleriren‹ und ›nicht geniren‹ Grenzen hatte, oft sogar sehr enge. (Siehe Lessing.) Doch er war ein Kerl. Schade, daß er sich die Frau, die es auch gewesen ist, zur Feindin machte: Maria Theresia.

Ein Herr aus Korsika

Jetzt betritt der dritte Hauptdarsteller das Theater der schlesischen Geschichte im Kunstlicht der Soffitten: Napoleon. Der ist nun am allerwenigsten Schlesier. Doch der Korse hat den großen Kessel mit der Mischung aus Österreichischem und Preußischem noch einmal kräftig umgerührt und dabei ein deutsches, ja fast europäisches Gericht zuwegegebracht. Auch durch positive und negative Rezepte. Zunächst ließ er 1807 die Festungen schleifen, die Friedrich so eilfertig ausgebaut hatte. Schweidnitz vor allem und Breslau. Die Festung Brieg ließ er sprengen, nachdem ihn die Bayern, seine künftigen Bundesgenossen, darin belagert hatten. Nur die Ziegelbastion und die Taschenbastion blieben in Breslau noch übrig. 1945 taten die Bankrotteure der letzten Stunde noch immer so, als sei Breslau eine Festung, und beriefen sich nachhaltig auf den Wehrwillen des Preußenkönigs und seiner Untertanen. Dabei hatten die Breslauer sehr richtig erkannt, daß erst dank Napoleon ihre Stadt sich entfalten konnte. Eine Bürgerdelegation sucht 1813 den Kaiser in Neumarkt auf, als er, trotz des Desasters von Moskau, wieder auf der Siegesstraße ist. Sogar der hübsche Bühnendialog seines Auftritts wird überliefert.

NAPOLEON: *(hörbar leutselig)* »Nun, Messieurs, was machen die Boulevards? Sind die Promenaden um Ihre Stadt vollendet? Dies allein haben Sie mir zu danken. *(lächelnd)* Ich habe Ihnen Gelegenheit dazu gegeben.«

Kommerzienrat Schiller aus Breslau: *(mit anderen gleichnamigen Persönlichkeiten nicht verwandt)* »Sire, noch sind wir mit der Anordnung der Promenaden beschäftigt und hoffen, daß die Stadt und ihre Umgebung dadurch sehr gewinnen werden.«

Napoleon: »Das macht mir Freude.«

Der elegant gedrechselte Dialog eines Konversationsstücks! Daß Napoleon der eigentliche Schöpfer des modernen Breslau geworden ist, bleibt unbestritten. Jetzt konnte sich die Stadt extra muros nach Süden und Westen entwickeln. Die graue Enge um die Wallgräben wurde zu einem grünen Paradies der Spaziergänger und der Liebespaare, der Bürger- und Studentenkneipen. Auf den vormals trüben und lustlosen Gräben tummelten sich jetzt im Winter die Eisläufer, und bei Walzermusik rieselten Rauhreifkristalle auf sie nieder. Ein kleines dankbares Gedenktäfelchen hätte sich der Franzosenkaiser für so viel Jugend-und Bürgerglück schon verdient. Und er muß die Stadt wirklich geliebt haben, auch die Altstadt in der noch engen, unerlösten Festung. Einmal, 1807, hat er sie höchst ehrenvoll mit Paris verglichen. Das lag wohl an der altersgrauen Patina, der Silberluft, die auch diese Stadt am Strom haben konnte. Und die heilige Insel in der Oder mochte ihn an die Insel in der Seine erinnern, der gotische Dom von St. Johannis an die gotische Kathedrale von Notre Dame. Daß Frankreichs damalige Feinde, die Russen, im Jahre 1945 auf den schönen Boulevards des Südens mit ihren Panzern am mühelosesten zum Stadtkern vordringen konnten, darf man Napoleon nicht anlasten. Und daß 1813 in Breslau der Widerstand Europas gegen seine Eroberergelüste zum Anfang seines Endes wurde, ist sein sehr indirektes Verdienst.

Die vielfach gebrannten Kinder unserer Generation – darunter auch der im brennenden Breslau gebrannte Autor dieses Buches – sind mißtrauisch gegen allzu laute patriotische Bekundungen und gegen ›heilige Feuer der Vaterlandsliebe‹, die wir schon von 1914 bis 1918 in einem traurigen Aschenhäufchen verglühen sahen. Aber daß nicht ein zaudernder, schwacher König (gerade die Schwachen können das ärgste Unheil anrichten), sondern ein sehr lauterer und achtbarer Universitätsprofessor, der Naturphilosoph Henrik Steffens, den Befreiungskrieg entfachte, macht glaubhaft, daß Idealismus und Religiosität seine Flammen nährten und am Brennen hielten. Auch waren die Generäle, die damals nach Breslau kamen, als Persönlichkeiten glaubwürdiger als manche jener zu Feldmarschällen umdeklarierten Feldwebel des Jahres 1945. Scharnhorst, der auf Steffens wie ein Gelehrter in Uniform wirkt, Gneisenau, der auch später noch in seinen Erdmannsdorfer Jahren ein glühender Bewunderer der Persönlichkeit Napoleons ist, Yorck, der das kühne Bündnis mit den Russen in Tauroggen schloß. ›Hier fängt eine neue Epoche der Geschichte an‹, schrieb der begeisterte und begeisternde Professor Steffens. Liberalität und Freiheitswille der Jugend wurden die stärksten Motoren dieser Erhebung. Das Lützowsche Corps stellte man in Breslau auf. Die Dichter Theodor Körner und Joseph von Eichendorff ließen sich anwerben und der 35-jährige Friedrich Ludwig Jahn, noch nicht in der vollbärtigen Turnvaterrolle.

Die Meldung des 15jährigen Buben Carl von Holtei wurde dagegen zurückgewiesen. Er beschäftigte sich mit Jubeln und Huldigen. Dazu fand er hinreichend Gelegenheit am Tag des von Steffens verfaßten und vom König verlesenen Aufrufs ›An mein Volk‹. Man spielte an diesem Abend im Breslauer Stadttheater kurioserweise ›Die deutsche Hausfrau‹ von Kotzebue mit den beiden derzeit größten deutschen Schauspielern Devrient und Iffland. Die Hausfrau war ihnen an diesem Abend Hekuba. Sie weinten und schluchzten. Nicht um Hekuba. Sondern wegen des erhofften Untergangs des Kaisers Napoleon.

Der spröde Potsdamer Yorck, dessen Großvater ein Handwerker gewesen war, der Rebell von Tauroggen und widerborstige Gegner des Hofes und aller Höflinge, errang nachher die glänzendsten Siege in Schlesien an der Katzbach und bei Wartenburg und später in der Völkerschlacht bei Leipzig. Aber als es in Paris zur prächtigen Einzugsparade der Sieger kam, schloß der König Yorck und seine Soldaten aus. »Schmutzige Leute. Sehen schlecht aus«, sagte der Kümmerling auf dem Thron und setzte sich an die Spitze seiner prächtigen, silberglitzernden Garden, die man mit dem dreckigen Bluthandwerk verschont hatte. Friedrich Wilhelm III., der die im Krieg gegen Napoleon erkämpfte Freiheit in der unheiligen Allianz verriet, machte etwas am alten Yorck – nunmehr Yorck von Wartenburg – wieder gut, als er ihm die Herrschaft Klein-Oels in Schlesien verlieh. Hier wollte der, wie Steffens sagt, »ein Geschlecht für alle Zeiten begründen«. Es ist ihm gelungen. Einer der nobelsten Blutzeugen gegen die Diktatur im Jahre 1944 war ein Yorck von Wartenburg. Aus Klein-Oels in Schlesien.

›Der König rief, und alle alle kamen‹, lernten wir in der Volksschule, und bei der großen Jahrhundertfeier in unserer kleinen Stadt, 1913, wurde das Wort von Festrednern unentwegt repetiert und strapaziert. Auf der Universität sagte man's uns schon etwas anders: ›Alle alle riefen – und endlich kam auch der König.‹ Doch nicht einmal das stimmt. Vor ihm kam der Professor Steffens, den seine skandinavische Herkunft die Stimme des Volkes besser verstehen ließ.

Das Volk von Schlesien muß jetzt unsere Bühne betreten. Es ist ein liebenswürdig-tolerantes Volk. Vielleicht haben die mancherlei Blutmischungen und das Umgetriebensein es so konziliant gemacht. Der Schlesier liebte den Frieden und seinen Frieden. Er war ein guter Untertan. Wenn die Inspizienten ihn auf die historische Bühne befahlen, rief er die gewünschten vier oder fünf Buchstaben »Hoch (Habsburg!)«. »Hurra!« für die Preußenkönige. Wieder »Hoch!« für die Republik. Zuletzt »Heil!«. Das führte zum Unheil.

Die Schlesier sagten versöhnlich »Nu, soll'n se...!« zu den Narreteien der Großen. Wie Gerhart Hauptmanns Jau wurden sie im Suff oder im Traum zu Herren der Erde. Doch waren sie in Wirklichkeit, wie Jau, ›getuppelt‹. Hier nicht ganz zu Hause – es ist so verdammt schwer, die Füße immer auf der Erde zu behalten – und dort, im schlesischen Himmelreich, auch nicht. Doppelexistenzen zwischen Himmel und Hölle. Wehe, wenn sie ganz aus ihren Himmeln und ihren Träumen gestürzt wurden. Nur noch armselige Jaus waren. Dann zündelten sie mit den Höllenflammen. Wurden sehr wach. Sehr aktiv.

Aber schauen wir sie uns zuerst im Traum an. Wir wollen noch nicht von den Mystikern, Erleuchteten und Propheten sprechen. Nur von den Tagträumern, die mit sich und der Welt im Einklang leben.

Hans Nowak, der feine schlesische Autor, hat einmal sehr hübsch über die schlesische Toleranz geschrieben. Da sagt er, daß die Schlesier Menschen von einer betulichen Neugier sind. Die sich besser aufs Fragen als aufs Sagen verstehen. Daß sie das auch in religiösen Bereichen lange praktiziert haben und kein Talent zur Bilderstürmerei besaßen. Darum bewahrten sie in den protestantisch gewordenen Kirchen Breslaus, in Maria Magdalena, in St. Elisabeth und St. Bernhardin, die katholischen Kunstschätze. Ein evangelisches Hospital nannten sie Allerheiligen. Und der selbst sehr liberale Heinrich Laube aus Sprottau, nachmals ein berühmter Dramatiker und Burgtheaterdirektor, schrieb: ›Der Breslauer Katholizismus ist ein munterer Weltgeistlicher mit nachgiebigen, vernünftigen Ansichten, der gern beide Augen zudrückt. Man lebt munter in Breslau.‹ Was hier durchaus auch bedeutet: liberal und tolerant. Fremdes wehrte man nicht ab, sondern assimilierte es sich. Integrierte es, nach modernem Sprachgebrauch. Auf die ›Gemittliche‹!

Was zum Beispiel in konfessioneller Hinsicht im 19. Jahrhundert in Schlesien alles möglich gewesen ist – im zwanzigsten ist's weithin unbegreiflich geworden. Da werden in Schmiedeberg beim 100-jährigen Jubiläum der evangelischen Kirche in der katholischen die Glokken geläutet. Vom festlich beleuchteten Turm blasen sie ›Nun danket alle Gott‹, und evangelischer Bläseratem mischt sich friedlich mit katholischem.

Bei einer schlesischen Prozession verfügt der Mesner nur über eine ungenügende Zahl von Prozessionsfahnen und leiht sich beim protestantischen Kirchner zwei Bilder aus, die im Zug mitgeführt werden: Luther und Melanchthon. Das ist vergleichsweise so, als würden heute bei einer bayerischen CSU-Kundgebung Marx und Engels die Saalwände zieren. Und wenn der Teufel sich leihweise ein Weihwasserbecken ausbedungen hätte, die Schlesier würden es ihm gegeben haben. »Laß ock, er wird schun sähn«, hätten sie dazu gesagt. Wahrscheinlich hätte der Teufel seinen Höllenspaß daran gehabt.

Im Jahre 1840 wurden in Altwasser die Kinder beider Konfessionen in einer Simultanschule unterrichtet, deren beide Teile durch eine Mauer getrennt waren. Der katholische und der protestantische Lehrer wurden gute Freunde und – Bundesdeutsche, hört die Signale! – ließen eines Tages die Trennwand niederreißen. Sie machten's schriftlich, was sie sich dabei dachten: ›Einig im wahren Geiste Christi, achtet jeder des andern kirchliche Form der Gottesverehrung, und die Schüler rechts, die Schüler links wachsen in gleicher Liebe, nach der Lehrer Beispiele, dem bürgerlichen Leben zu.‹ Wie wohl tun mir konfessionellem Mischling solche Worte, nach denen in meinem thüringischen Elternhaus die katholische Mutter und der protestantische Vater zeitlebens handelten.

In Liebau im Gebirge, wo der Maler Otto Mueller und der Regisseur Wolfgang Liebeneiner geboren wurden, war es nicht anders. Katholische und protestantische Paten scharten sich bei der Taufe um das Neugeborene, und zu den Maiandachten gingen Angehörige beider Konfessionen gemeinsam. War ja so schön, im Frühling die alten Marienlieder zu singen: ›Meerstern, ich dich grüße...‹ Es war überhaupt so vieles einfach ›schöner‹ bei den katholischen Brüdern in Christo.

Auch mit deutschen und polnischen Gottesdiensten hat man in Schlesien lange abgewechselt. So in der evangelischen Kirche von Carlsruhe in Oberschlesien, wo man bei der Grundsteinlegung zuerst ›Nun danket alle Gott‹ auf polnisch sang und eine polnische Predigt gehalten wurde, bis dasselbe nochmal auf deutsch und protestantisch nachfolgte. In Ratibor teilte man die Liebfrauenkirche durch eine Wand, so daß man gleichzeitig deutschen und polnischen Gottesdienst abhalten konnte.

Über so einer Kirche möchte man sich gern einen Engelsreigen vorstellen, wie ihn fromme Maler in frühen Jahrhunderten oft gemalt haben. Die Engel wiegen sich im verdoppelten Orgelwind und im Atemhauch zweier Choräle. Ihnen ist wohl dabei. Wahrscheinlich schweben sie genau über dem geteilten Altarraum. (Vielleicht mit einem winzigen Rechtsdrall nach der katholischen Seite hin.)

Finster wird's

In Schlesien fuhren zahllose Männer in die Gruben ein. In Oberschlesien vor allem. Aber auch in Niederschlesien. So im Waldenburger Bergland, wo noch Ende des 18. Jahrhunderts mehr Kohle gefördert wurde als in ganz Oberschlesien. In den Gruben war es finster. In jeder Beziehung. Noch 1889 wurden die sozialen Forderungen des liberalen Hirsch-Dunckerschen Gewerkvereins (wir würden heute sagen: der Gewerkschaft) auf acht Stunden Arbeitszeit unter Tage und zehn Stunden über Tage abgelehnt. Streiks blieben bei den Grubenherren erfolglos.

Wieder gibt's da so eine typisch schlesische Geschichte: Am 7. April des Revolutionsjahrs 1848 brechen 200 politisch engagierte Arbeiter auf, um im Schloß Fürstenstein ihre recht bescheidenen Forderungen vorzubringen. Sie werden abgelehnt. Aber die Herrschaft, vertrauend auf schlesische Gutmütigkeit, lädt die Arbeiter zu einem Imbiß aufs

Schloß. Da stehen sie nun etwas verlegen herum – eine spukhafte Party –, essen ungewohnt gute Dinge und trinken noch bessere. Werden fröhlich und ein bißchen besoffen, lauter Jaus, die sich als Fürsten träumen. Am Ende lassen sie Durchlaucht, den Herrn Fürsten, und seine Gemahlin hochleben und ziehen wieder ab, ein bißchen bedripst. Nichts erreicht, außer dem kurzen Traum! Vorsicht, meine Herren! Heinrich Heine hat sein Gedicht ›Die schlesischen Weber‹ schon geschrieben:

Deutschland, wir weben dein Leichentuch,
Wir weben hinein den dreifachen Fluch -
Wir weben, wir weben!

Was den Webern recht ist, wird den Kumpels in den Gruben billig sein. Der Wurm krümmt sich, wenn er getreten wird. In Jahrhunderten war in Schlesien viel getreten worden. Der lichten Toleranz stand viel finstere Intoleranz gegenüber. Auch durch Jahrhunderte.

Um 1450 kam aus Italien, dem Land des Savonarola, der wortgewaltige Franziskaner Capistrano, ein gewesener Kriminalassessor aus Neapel, nach Schlesien. Er ruft zu einem Kreuzzug auf. Nicht nur gegen die Türken in Ungarn und nicht zu einer Fahrt ins Heilige Land. Sondern zu einem Kreuzzug gegen die Protestanten und Juden in Breslau. Er ließ die Frauen ihren ›Tand‹, Schmuck und kostbare Kleider, auf den Scheiterhaufen werfen. Er warf aber auch ketzerische Bücher in die Flammen. Und 14 Juden ließ er auf dem Breslauer Salzring im Jahre 1453 verbrennen. Wegen angeblicher Hostienschändung. Fast ein halbes Jahrtausend später haben wir es noch einmal erleben müssen, wie man solche Dinge propagandistisch ›aufzieht‹. Wir haben wieder Bücher verbrennen und Menschen auf dem Salzring – inzwischen Blücherplatz genannt – hinrichten sehen, weil sie nicht den richtigen (politischen) Glauben hatten. Capistrano, der auch in Schweidnitz, Liegnitz und Löwenberg folterte und verbrannte, wurde sehr bald heiliggesprochen. Der 1969 gestorbene Dichter Wilhelm von Scholz, in Berlin geboren, doch Schlesier von Herkunft und Neigung, ein mit mystischen Ölen gesalbter Dichter der Zwischenreiche, hat in seinem Roman ›Der Weg nach Ilok‹ diesen finsteren Intoleranten bis zu seinem Tode im ungarischen Ilok beklemmend dargestellt.

Ins Zwischenreich von Licht und Schatten gehört auch der Breslauer Johannes Scheffler, der sich als Konvertit Angelus Silesius nannte. Dieser schlesische Engel hat inmitten seiner inbrünstig schönen und tiefgründenden Verse auch diese Zeilen gedichtet:

Das größte Wunderding ist doch der Mensch allein:
Er kann, nach dem er's macht, Gott oder Teufel sein.

Zuerst war Scheffler Mediziner, hatte in Straßburg und Leiden studiert. 1649 wurde er Leibarzt des Herzogs von Oels. Nach seiner Konversion zum Katholizismus 1653 stieg er als Angelus Silesius zum Kaiserlichen Hofmedicus Ferdinands III. auf. Seiner verzehrenden Gottesliebe, die später in Fanatismus umschlug, genügte das noch nicht.

1661 ließ er sich in Neisse zum Priester weihen. Jetzt wurde er fürstbischöflicher Rat und Hofmarschall. Die 300 Sinnsprüche seines ›Cherubinischen Wandersmann‹ soll er in vier Tagen geschrieben haben. In den hektisch aufgewühlten Jahren unmittelbar nach dem Dreißigjährigen Krieg dichtete er Verse von prometheischer Kühnheit wie diesen:

Ich weiß, daß ohne mich Gott nicht ein Nu kann leben,
Werd ich zunicht, er muß vor Not den Geist aufgeben.

Das klingt beinahe ketzerisch, nach Selbstvergottung des Menschen. Angelus Silesius mag es gefühlt haben. Er büßte und kasteite sich. Als ihm bei der Fronleichnamsprozession vor dem Breslauer Dom das Allerheiligste in den Straßenschmutz fiel, traf es ihn wie ein Blitz. Die Protestanten tuschelten: das sei die Strafe für seine Konversion. Er strafte sich selbst. Barfuß, mit einer brennenden Kerze in der Hand und einer Dornenkrone auf dem Haupt, pilgert er zu Fuß nach Trebnitz, an das Grabmal der Heiligen Hedwig. Aber er fing auch an, seine ehemaligen Glaubensbrüder zu strafen. Der Teufel in ihm, den er als Möglichkeit erkannt hatte, machte ihn zum fanatischen Ketzerverfolger.

Der Grüssauer Abt Bernhard Rosa, geboren 1624 in Glogau, war sein Freund. Groß und souverän als Bauherr, als Freund und Förderer der Künstler und der Künste, war der Abt zugleich ein unerbittlicher Feind der reformierten Lehre. Er vertrieb Schlesier aus Schlesien: 800 Bauern, Fuhrleute und Weber – nur weil sie Protestanten blieben. Sie durften nichts auf ihren Treck mitnehmen als den kärglichen Erlös vom Verkauf ihrer Habe. Gute Katholiken aus der Grafschaft Glatz und aus Böhmen wurden dafür ins Land hereingelassen. Angelus Silesius gehörte zu den intellektuellen Anstiftern dieser Aktion.

Im Dreißigjährigen Krieg hatte kaiserliche Soldateska protestantische Bürger im schlesischen Freiburg im Backofen geröstet. Das war eine der grausigen Untaten, wie sie im Krieg in allen Zeiten und bei allen Völkern – bis heute – geschehen sind und geschehen. Doch die Hexen- und Ketzerverbrennungen gingen auch nach dem Krieg weiter. Flagellantische Selbstquälerei, satanische Verfolgung und eine bis in die äußersten Extreme gesteigerte Wollust der Liebe und des Todes gehören in gleicher Weise zum Glocken- und Fanfarenjubel der Gegenreformation. Schwärmerische Sekten bilden sich. Schwenckfelder und

Wiedertäufer ziehen durch das Land. Predigen gegen den Adel und die Pfaffen werden gehalten. Die Kirche geht zum Gegenangriff über. Bannt und verbrennt die Sektierer. Läßt ihre Leichen auf Viehweiden verscharren. Überall flammen neue Feuer auf, reformatorische und gegenreformatorische.

Schlesien brennt. Wieder einmal. Seine Menschen haben schon früher gebrannt. Die dunkle Seite in diesem friedfertig-versöhnlichen Volk bricht auf. Intoleranz macht die Toleranten ihrerseits intolerant. Immer wieder wird das auch in Zukunft geschehen. Es gibt schlesische Rebellen, grausam, haßerfüllt. Und andere, bereit, für die große Idee der Freiheit und gegen Unrecht und Tyrannei ihr Leben zu geben. Rebellion, von unten aufsteigend, und Rebellion von oben – beidem werden wir begegnen. Auch Angelus Silesius, der Gott und Teufel in seiner Brust fühlte, war getuppelt.

Der Faden reißt

Im April 1945 hatten es die Breslauer Frauen satt. Viele wohnten jetzt in hübschen Villen in Carlowitz oder Zimpel. Vorher hatten sie vielleicht in häßlichen innerstädtischen Straßen, in Brigittental oder der Weißgerberohle gelebt. Dann waren sie von russischen Lautsprechern, welche der Zivilbevölkerung die nächsten Luftangriffe warnend ankündigten, aus einem Viertel ins andere vertrieben worden. Vielleicht hatten sie es nie vorher so hübsch gehabt: mit blühenden Gärten vorm Haus. Aber lieber in einer muffigen alten Straße richtig daheim sein, und es ist Frieden, als im Krieg in ewigen Bombardements und dauernder Lebensgefahr herumgejagt zu werden. Schluß! Sie machten nicht mehr mit... Sie rebellierten... Obwohl die Todesstrafe auf das stand, was sie taten, ließen sie sich nicht mehr davon abhalten. Sie meuterten. Sie demonstrierten. Vor Ortsgruppenhäusern der allmächtigen Partei. Sie hängten ihre Bettücher als weiße Fahnen der Kapitulation heraus. Vielleicht hat ihr Tun die hohen Kirchenmänner beider Konfessionen mit beeinflußt, daß sie vom Festungskommandanten mit dem hoffnungslosen Namen Niehoff die Kapitulation verlangten. Breslau kapitulierte zwei Tage früher als das restliche Reich. Einigen Menschen hat das bestimmt noch das Leben erhalten. »Hätten wir nur schon früher aufgemuckt«, sagten die Frauen. – Es hat in Schlesien oft lange gedauert, bis der Geduldsfaden endlich riß. Auch das war eine Art Tradition. Im Jahre 1418 hatten es in Breslau die Zünfte satt, daß man sie von der längst geforderten Mitverantwortung im Rat ausschloß. Sie stürmten das Rathaus am Ring und schlugen fünf Ratsmitglieder tot. Einer wurde vom Turm gestürzt. Kaiser Sigismund ließ 23 von den Handwerkern hinrichten. Bei St. Elisabeth wurden sie begraben.

In Görlitz waren die Flammen der Volkswut noch früher emporgeschlagen. Die Neißestadt war in der Renaissancezeit über die Maßen reich und prächtig geworden. Sie war das Haupt eines Sechsstädtebundes, der alle Nachbarstädte terrorisierte und am Emporkommen hinderte. Sie lag an der Hohen Straße und der Neiße. So lebte sie vom Handel, vom eigenen und dem der anderen. Sie trieb Straßen- und Flußzölle mit rüder Gewalt ein. Ein Großhändler namens Georg Emerich nannte sich selbst ›Der König von Görlitz‹. Er verführte die schöne Benigna, die Tochter des Tuchkaufmanns Horschel. Die Kirche forderte strenge Buße. (Vielleicht drückte sie auch ein Auge zu.) Emerich machte die von ihr verlangte Pilgerfahrt zum Heiligen Grab in Jerusalem. Im härenen Mönchsgewand. Mit einer anderen schönen Frau namens Agnes Finger als Begleiterin... Zurück von seiner Pilgerlustfahrt, vermehrte er die Pracht der heimischen Kirchen noch, indem er in Görlitz eine getreue Nachbildung des Heiligen Grabes bauen ließ.

Aber in der Stadt des Jakob Böhme gärte es schon lang. Ketzerische Ideen gingen um. Zweimal brachen Aufstände gegen die vom Schlage Emerich, die übermütigen Reichen, los. 1527 schlug die Uhr auf dem ›Mönch‹ fünf Minuten zu früh an. Dadurch wurde der fast sichere Plan der Rebellen zerstört. Ein armer Nachtwächter, der eben seine Runde machte, deckte ihn auf. Alle endeten am Galgen. Auch in Zukunft schlug die Uhr auf dem ›Mönch‹ fünf Minuten früher als die anderen Uhren der Stadt, und die ›Verrätergasse‹ sollte auf ewig an die Rebellen erinnern. Der eigentliche Verräter war der obrigkeitshörige Nachtwächter.

In einer anderen mächtigen und prächtigen Stadt, der Bolkonenhauptstadt Schweidnitz, brachen die Zunftkämpfe schon im 14. Jahrhundert los. Die Handwerker waren hier erfolgreicher als in Breslau. Die Gewerke bekamen in einer neuen Ratsverfassung die geforderte Mitverantwortung an den Geschicken der Stadt. Revolutionäre, die Glück hatten.

Die Propaganda kannte für solche Unternehmen, wenn sie glücklos blieben, die diffamierende Abwertung ›Pöbelaufstand‹. In einer konservativ oder auch konfessionell verengten Geschichtsbetrachtung blieb die Bezeichnung lange bestehen. Pöbel werden die Bauern und Handwerker genannt, die 1680 gegen den blutsaugerischen Herrn von Eben auf der Kynsburg einen Aufstand machen – zwei von ihnen werden auf Ersuchen des Breslauer Bischofs, eines Landgrafen von Hessen-Darmstadt, gehängt.

›Pöbel‹ waren die Neißer Bürger, die sich 1612 gegen einen Bischof von Breslau erhoben, weil er ihnen ihre schwer errungenen protestantischen Freiheiten wieder nehmen wollte. Dieser Bischof war ein Habsburger, das 15. Kind des Erzherzogs Karl von der Steiermark. Der Sohn Karl fing schon als Knabe an, fürchterlich zu werden. Bereits mit 8 Jahren bekam er die niederen Weihen, mit 16 wurde er Domherr in Brixen, mit 18 Bischof von Breslau. Er hatte nie studiert, war aber dafür ein Meister im Fischen, Jagen und Reiten. Und im Reisen. Die aufbegehrenden Bürger von Neiße, die sich auch der Unterstützung der Stände erfreuten, hatten Glück, daß der junge Herr Bischof sich vorwiegend in wärmeren Ländern, vor allem in Südtirol, aufhielt. Doch als er das erstemal nach Neiße kommt, läßt er sogleich zwei ›Rädelsführer‹ der Rebellen verhaften und einen davon hinrichten. Das zweitemal bringt er als Zuchtmeister die Jesuiten mit. Ein vortrefflicher Gelehrter, der Schwabe Christoph Scheiner, der Entdecker der Sonnenflecken, wurde Rektor des neuen Jesuitenkollegiums. Seinen elfjährigen Neffen, den Sohn des Polenkönigs Sigismund, machte Karl zum Koadjutor des Bistums Breslau. Der Herr Koadjutor sang die Heilige Messe noch als Knabensopran mit. Der Onkel aber reiste weiter durch die warme Welt: Italien, Österreich, Spanien. Er verlor mit 34 sein Herz an das von Ketzern gereinigte Neiße. In der Jesuitenkirche wurde es beigesetzt.

In Breslau, wo der Hohe Dom sich ausdrücklich einen Schlesier als geistlichen Oberherrn gewünscht hatte, brachen die sogenannten Pöbelaufstände schon beim Einzug des Bischofsknaben Karl im Jahre 1608 los. Die Bürger besaßen da eine gute Tradition. Sie hatten sich schon einmal in Verteidigung ihrer Rechte und Freiheiten mit den Herren der Dominsel angelegt. 1380 hatten die Domdechanten eine Wagenladung des berühmten Schweidnitzer Biers für die Weihnachtszeit bestellt. Der

Breslauer Rat, der in der Stadt alle Schankrechte besaß, ließ die kostbare Fuhre beschlagnahmen. Von diesem Augenblick an begann der ›Breslauer Bierkrieg‹, der, trotz seiner Komik, von beiden Teilen mit Erbitterung durchgekämpft wurde. Über die Stadt wurde das Interdikt verhängt. Kein Sterbender durfte hinfort geistlichen Trost erhalten, kein Kind getauft, kein Bürger unter priesterlicher Assistenz getraut oder beerdigt werden. Kirchen und Klöster wurden geschlossen. Das Domkapitel zog ins fromme Neiße. Schließlich bekamen die dickköpfigen Bürger, die im Wortsinn nicht zu Kreuze krochen, den König Wenzel von Böhmen als Bundesgenossen. Er zog in Breslau ein, und als selbst ihm ein Geistlicher für die Messe verweigert wurde, setzte er einen groben Keil auf den groben Klotz. Er gab seinen Soldaten die Klöster und Kurialgebäude auf der Dominsel zur Plünderung frei. Und das alles wegen einer Fuhre Bier...

Der Friedensschluß war so kurios wie der Kriegsbeginn: Die Domherren schworen dem Böhmenkönig Gehorsam, und die Stadt ließ sie dafür ihr geliebtes Schweidnitzer Bier ohne Zoll und Steuer einführen. (Na, denn man Prost.)

Rebellen im Schweidnitzer Keller

Die Geschichte erzeugt immer wieder gewisse Kettenreaktionen. Eines Tages richtete der Breslauer Rat in seinem wunderschönen gotischen Rathaus einen nicht minder wunderschönen Schweidnitzer Keller ein und schenkte selbst das vortreffliche Schweidnitzer Bier darin aus, um deswillen er eine Zeitlang auf geistlichen Trost und Beistand hatte verzichten müssen.

Beim gutvergorenen Bier hielt die revolutionäre Gärung an – durch die Jahrhunderte. Im Schweidnitzer Keller wurde Stammgast der berühmte Dr. med. Franz Nagel, ein ärztlich ausgezeichneter, wenn auch absonderlicher Kauz, der seit 1815 eine große Praxis in Breslau unterhielt. Im Rußlandfeldzug waren ihm beide Füße erfroren. Wie eine E. Th. A. Hoffmann-Figur hüpfte er spukhaft in seinem Haus herum zwischen köstlichen Bücherschätzen. Zwischen Ziegen, Katzen und Meerschweinchen, die ihn als Haustiere umwimmelten. Mit einer schwarzrotgoldenen Kokarde am Hut hielt er im Schweidnitzer Keller politische Brandreden. Die Studenten, langhaarig und bärtig, politisch erhitzt und des herkömmlichen akademischen Lehrbetriebs überdrüssig, stimmten dem wunderlichen Arzt begeistert zu. Die etablierten Standesgenossen schämten sich seiner. Sie erreichten es, daß Nagel ins Gefängnis kam. Im Revolutionsjahr 1848 wurde er amnestiert. Nun ließen die lieben Kollegen ihn auf seinen Geisteszustand untersuchen und brachten ihn zuletzt ins Irrenhaus. Ein Akademiker, der sich für das Proletariat einsetzte, für die hungernden Weber in den Gebirgen, konnte nur geisteskrank sein.

Auch Gustav Freytag gehörte zu dieser Art ›unwürdiger‹ Akademiker. Seine größte Lebensleistung lag nicht in seinen historischen Romanen, in ›Soll und Haben‹, worin er drei kontrastierende Lebenskreise seiner Zeit – das aufstrebende Bürgertum, den niedergehenden Landadel und die jüdische Kaufmannswelt – schildert (diese leider mit et-

was billig karikierenden Mitteln, die dem aufkommenden Antisemitismus wohlgefällig waren). Sein eigener intelligenter politischer Journalismus übertraf noch die witzige dramatische Schilderung seines Berufsstandes im Lustspiel ›Die Journalisten‹. Manche seiner politischen Forderungen, präzise und blendend formuliert, haben ihre Gültigkeit bis auf unsere Tage bewahrt. »Weshalb betonen wir überall das Selbstbestimmungsrecht der Völker?«, fragte er einmal. »Weil wir darin den edelsten Ausdruck der politischen Freiheit finden, welche wir für uns und andere fordern.« Dieser geborene Breslauer »gehörte zu den charaktervollsten Erscheinungen, die im damaligen Liberalismus möglich waren«, sagte Georg Lukács in unseren Tagen. Eine andere war der Professor Hoffmann von Fallersleben, der akademische Lehrer Freytags, der schon 1842 wegen seiner anstößigen ›Unpolitischen Lieder‹ sein Breslauer Lehramt verloren hatte. Als Breslauer Studenten einmal auf dem alten Götterberg Zobten gegen die Reaktion demonstrierten und sich in einem karnevalistisch grellen Aufputz über ihre Vertreter lustig machten, setzte man Militär gegen die Demonstranten ein. Es gab ein Gerangel zwischen Soldaten und Studenten. Auf deren Seite war ihr Idol Gustav Freytag, der unbequeme Warner und Mahner, dem man wegen seiner fortschrittlichen Ideen keine Professur gab. Jetzt mußte er Breslau endgültig verlassen. Als auch der reaktionäre Polizeipräsident von Berlin ihn verfolgte, gab ihm der einzige liberale deutsche Fürst, Herzog Ernst II. von Sachsen-Coburg-Gotha, politisches Asyl. Die Heimat hatte einen großen Schlesier vertrieben.

Sie vertrieb damals viele ihrer besten Männer, nicht nur aus Schlesien, sondern aus Deutschland und Europa. Manche starben in der Fremde eines vorzeitigen Todes, manche gingen daheim im Elend zugrunde. Sie waren eine geistige Elite, die Männer der Deutschen Nationalversammlung in Frankfurt und der Preußischen Nationalversammlung in Stuttgart, mit ihrem heldenhaften Versuch, ein Deutschland in Einigkeit und Recht und Freiheit zu schaffen, wie es der Rebell Hoffmann von Fallersleben in seinem Deutschlandlied ersehnt hatte. In allen deutschen Stämmen waren solche aufrechten Demokraten zu finden. Vielleicht kamen deshalb besonders viele aus Schlesien, weil hier das Elend des Volkes am größten gewesen ist. Ein unverdächtiger Zeuge, ganz gewiß nicht aus dem ›Pöbel‹, der Leutnant Kraft Prinz zu Hohenlohe-Ingelfingen, hat es vom Gut seines Vaters Koschentin geschildert:

›In Oberschlesien herrschte damals der übelste Zustand, den dieses arme Land wohl je erlebt hat... Die letzte Ernte war ganz mißraten. Die Bevölkerung, namentlich des rechten Oderufers, war ganz auf Kartoffeln angewiesen, und die Kartoffeln waren in der Erde verfault. Eine entsetzliche Hungersnot brach herein und kündigte sich schon durch Krankheiten an... Ruhr und Typhus forderten bedeutende Opfer. Viele Waisenkinder liefen brotlos herum und fielen den Gemeinden zur Last, die selbst nichts hatten... Das Vertrauen des Bauern zu Gott und König war erschüttert, er gab sich der Schlaffheit der Verzweiflung hin und setzte jeder anderweitigen Hilfe ein Mißtrauen und eine Teilnahmslosigkeit entgegen, welche alle Begriffe übersteigt.‹ Der Vater des Prinzen fütterte damals täglich 1400 Notleidende mit warmen Suppen. Der Gutsbesitzer Karl Freiherr von Fincke, von der Herrschaft Olbendorf bei Grottkau, schrieb einen womöglich noch schrecklicheren Bericht an den königlichen Adjutanten General von Below in Berlin. Er gibt nicht nur der Regierung, sondern auch vielen Gutsherren die Schuld: ›Die Menschen werden wie Vieh behandelt und bleiben deshalb auch Vieh.‹ Als rühmliche Ausnahme bezeichnet er den Grafen Harrach, ›einen sehr braven, noblen Mann‹, und die Rothschilds, ›auf deren Gütern besser für die Leute gesorgt wird‹.

Auch schlesische Adlige wurden damals ruhmvolle Rebellen. Unter den 1848ern taten sich die Grafen Reichenbach aus Dometzko hervor. Der eine von ihnen wurde siebenmal vor Gericht gestellt und schließlich zu zehn Jahren Zuchthaus (der Staatsanwalt hatte 20 Jahre beantragt) und zu zehnjähriger Stellung unter Polizeiaufsicht verurteilt. Er floh nach Belgien, mußte dort auf Ersuchen der preußischen Regierung ausgeliefert werden und endete als Farmer bei Philadelphia. Wer denkt in unseren Schulen und an unseren Universitäten an diese hervorragenden Männer unserer Geschichte, die vielleicht an persönlicher Tapferkeit und bewußter vaterländischer Gesinnung manchen armen Kriegsgefallenen, der unschuldig in die große Knochenmühle geriet, noch übertroffen haben. Mögen wenigstens in diesem Buch die Namen der freiheitlichen schlesischen Parlamentarier, die unsägliche Verfolgungen erdulden mußten, in Ehren genannt werden:

Felix Fürst Lichnowsky (als Führer des rechten Parlamentsflügels in Frankfurt von Linksradikalen ermordet).

Gymnasiallehrer Rösler aus Oels (8 Jahre Zuchthaus, dann USA).

Gutsbesitzer Schloßel aus Halbendorf (Todesurteil, später Weinwirt in den USA).

Schmidt aus Löwenberg (Todesurteil. Redakteur und Erzieher in den USA).

Pfarrer Schöne (seines Amtes enthoben. Alle von ihm geschlossenen Ehen gelten als Konkubinat, die von ihm getauften Kinder als unehelich).

Referendar Schramm aus Striegau (Festungshaft, Steckbrief, Emigrant in London).

Stadtgerichtsrat Simon aus Breslau (lebenslängliches Zuchthaus, Flüchtling in Zürich).

Pastor Töbe aus Namslau (des Amtes enthoben, seine Privatschule geschlossen).

Schriftsteller Wolff aus Breslau (Emigrant in London, dann USA).

Rektor Zorn aus Festenberg (des Amtes enthoben, mit Frau und 7 Kindern im tiefsten Elend).

Bürgerschullehrer Behnsch aus Breslau (des Amtes enthoben).

Schriftsetzer Brüll aus Breslau (Auswanderung nach den USA).

Dr. phil. Elsner aus Breslau (freigesprochen, doch des Amtes enthoben).

Bürgermeister Goltz aus Brieg (des Amtes enthoben).

Buchhändler Lewysohn aus Grünberg (verhaftet und verurteilt).

Bürgermeister Matthäi aus Lauban (vom Gemeinderat einstimmig gewählt, von der Regierung nicht bestätigt).

Stadtgerichtsrat Pflücker aus Breslau (wegen ›politischen Verhaltens‹ ohne Pension entlassen).

Professor Nees von Esenbeck aus Breslau (freigesprochen, aber ohne Pension des Amtes enthoben. Muß aus Not seine bedeutenden botanischen Sammlungen verkaufen. Ein Ständchen von Gesangvereinen zu seinem 77. Geburtstag wird polizeilich verboten. Wird mit 77 ›wegen Übertretung des Vereinsgesetzes‹ wieder unter Anklage gestellt. Neues Pensionsgesuch wird vom König abgelehnt).

Das sind, Deutschland, deine besten Schlesier. Die Männer der Paulskirche. Wo sind ihre Denkmäler? Wo sind sie geblieben?

»Mir leiden's ni mehr«

Was aber war aus den schlesischen Webern geworden, die Heinrich Heine an Deutschlands Leichentuch weben ließ? Wir haben von dem kläglichen Unternehmen der Waldenburger Kumpels gehört, die sich durch ein fürstliches Abendbrot kuschen ließen.

Bei den Webern gab es beides: stummes Verzweifeln und haßerfülltes Rebellieren. Bis Ende des 18. Jahrhunderts war es den Heimwebern gutgegangen. Dann kam der mechanische Webstuhl, und es wurden Fabriken gebaut, die wuchsen und wuchsen. Um 1800 besaß Friedrich Sadebeck 860 Webstühle mit 1500 Arbeitern. Im Jahre 1920 beschäftigte Christian Dierig 7000 Menschen. Noch in dieser Zeit war das Elend groß. Die Arbeiter aus den Gebirgstälern zogen in die häßlichen, verrußten Zechenstädte und fuhren in die Gruben ein. Ihr Elend wurde dadurch nicht geringer.

Der große historische Weberaufstand hatte in den Eulengebirgstälern begonnen, war am 4. Juni 1844 in Peterswaldau losgebrochen. Er fraß sich weiter nach Langenbielau, dem größten Weberdorf, nach Krummhübel und Schreiberhau, nach Agnetendorf, Hain und Warmbrunn. Überall sangen sie das aufrührerische Weberlied. Im Herbst 1846 zogen die Peterswaldauer in einem düsteren Schweigemarsch mit brennenden Laternen durchs Dorf, ›um die erstorbene Gerechtigkeit zu suchen‹. Etwas von schlesischer Mystik ist der sozialen Forderung beigemischt. Hirschberg wurde eine Art geistigen Zentrums der Rebellen. In dieser einst so reichen Weber- und Schleierherrenstadt saß ein tapferer 1848er, der Lehrer Wilhelm Wander, dessen ›Deutsches Sprichwörterlexikon‹ noch heute Ansehen genießt. Seine Zeitung ›Volksfreund aus den Sudeten‹ rüttelte die Lauen zur Aktion auf. Er zog sich und seiner Stadt Hirschberg die königliche Ungnade zu.

Im Jahre 1893 erklang das ›Weberlied‹ in Berlin: Ein 31-jähriger schlesischer Hotelierssohn hatte es dorthin gebracht. Einer, dem das preußische Breslau ferner lag als das weltoffenere österreichische. So schrieb er in seinen Breslauer Jugenderinnerungen: ›Die Schule glich einer Instruktionsstunde beim Militär...‹ Sie beherrschten ›nicht Lessing, Herder, Goethe oder Sokrates, sondern der preußische Unteroffizier‹! Selbst der Pfarrer in der Konfirmationsstunde unterhielt sich nur mit den jungen Adligen in der ersten Bankreihe. ›Nur die Grafenbank schien für ihn da zu sein. Er bereitete nur die erste Bank für das Himmelreich vor!‹ Kein Wunder, daß der junge Mann aus Obersalzbrunn rebellierte. Ihn zog es zum einfachen Volk, zu den Oderschiffern, ›den Wasserpolacken, die auf ihren Flößen abkochten... Ich wurde einer der ihren, wenn ich den Hantierungen der Flößer zuschaute.‹

Das war die wahre Schule für den Dichter des sozialen Dramas, für Gerhart Hauptmann. ›Die Weber‹ hieß das Drama, das 1893 den Berliner Theaterhimmel blutrot erleuchtete. Das dem Vater gewidmete Stück war nach Erzählungen des Großvaters geschrieben, der, ›selbst ein armer Weber, wie die Geschilderten, hinterm Webstuhl gesessen«. Der Weber Moritz Jäger las darin das Lied des Aufruhrs, und in der Regieanweisung hieß es ›Alles klingt heraus: Verzweiflung, Schmerz, Wut, Haß, Rachedurst.‹

Hier im Ort ist ein Gericht
Noch schlimmer als die Vehmen,
Wo man nicht erst ein Urteil spricht,
Das Leben schnell zu nehmen.
Hier wird der Mensch langsam gequält,
Hier ist die Folterkammer,
Hier werden Seufzer viel gezählt
Als Zeugen von dem Jammer.

Gesungen wurden diese und die folgenden Strophen nach der Melodie ›Es liegt ein Schloß in Österreich‹.

Die Wirkung der Uraufführung war ungeheuer. Jubel beim ›Pöbel‹ – wir wissen, wie dehnbar dieses Wort war – und Entsetzen und Empörung bei Hofe und in den nationalen Kreisen. »Das Stück verfolgt vom ersten bis zum letzten Wort eine sozialistische Tendenz der verwerflichsten Art«, dekretierte der Polizeipräsident von Berlin und wollte es vom Spielplan streichen. Kaiser Wilhelm II. kündigte seine Loge im Deutschen Theater und verbot seinen Offizieren den Besuch der Aufführung. War ja auch beispiellos, daß in diesem sozialistischen Machwerk ausgerechnet vom Militärdienst heimgekehrte junge Männer den Brand schürten, die doch durch Preußens Gloria gegen jeden Linksdrall hätten immun sein müssen.

Ein Mann ist damals in Breslau als junger Sozialdemokrat öfters in die Nähe des erfolgreichen Dichters gekommen: der 1875 in Liegnitz geborene Paul Löbe. Als Schüler habe ich diesen vortrefflichen, lauteren Mann, den späteren Präsidenten des Reichstags, noch oft in der Nationalversammlung in Weimar sprechen und mit vorbildlicher Objektivität wirken sehen und war glücklich, ihn in seinen letzten Lebensjahren in Berlin persönlich kennenzulernen. Löbe, aus enger proletarischer Umwelt stammend, wurde nachher zu einer der nobelsten Persönlichkeiten der Weimarer Republik und ihrer Hauptstadt Berlin. Man sah ihn hier in natürlicher Würde in Gesellschaft Stresemanns, von Einstein und Elisabeth Bergner, des Nuntius Pacelli (des nachmaligen Papstes Pius XII.) und immer wieder seiner beiden schlesischen Landsleute, des Kritikers Alfred Kerr und des Dichters Gerhart Hauptmann, der die geistige Repräsentativfigur der so jammervoll kurz bestehenden Republik wurde.

Die beiden hoch emporgestiegenen Schlesier haben oft Erinnerungen an ihre Sturm- und Drangjahre in Breslau ausgetauscht, wo sie einander schon im Kreis der sogenannten ›Dritten schlesischen oder Breslauer Dichterschule‹ begegneten, zu der neben Hauptmann O. E. Hartleben, Liliencron, Dehmel und Arno Holz gehörten.

Paul Löbe ist damals Redakteur der Breslauer ›Volkswacht‹ gewesen, und in seinen Lebenserinnerungen ›Der Weg war lang‹ sagt er, daß in der Sozialistenverfolgung ›Breslau der heißeste Boden im ganzen Königreich Preußen war‹. Zwei der vier Redakteure des Blattes saßen immer im Gefängnis. Auch bei Löbe selbst steigerte sich das Strafmaß ständig. Als er Mitglieder des Preußischen Herrenhauses wegen Aufrechterhaltung der mittelalterlich anmutenden ›Gesindeordnung‹ als Sklavenhalter titulierte, mußte er für einen Monat in den Knast. Als ihm das Breslauer Landgericht wegen seiner Aufrufe zu Wahlrechtsdemonstrationen ›Aufreizung zu Gewalttätigkeiten‹ attestierte, schickte man ihn gleich für ein ganzes Jahr in Einzelhaft nach Wohlau. Es wurde für ihn ein Studien- und Bildungsjahr. Später konnte er dem geflohenen und verfolgten Lenin seine unter einem Decknamen an die ›Volkswacht‹ gesandten Briefe persönlich überreichen, ohne zu ahnen, welche Rolle dieser Mann dereinst für Rußland, für Deutschland und auch für Schlesien spielen sollte.

Der tägliche Kleinkrieg zwischen Polizei und Revolutionären nahm damals in Schlesien oft groteske Formen an. Wurde ein treuer alter Sozialdemokrat von seinen Genossen zu Grabe geleitet, dann stand in den Lorbeerbäumen hinter der Grube schon die Polizei mit Pickelhaube und Schleppsäbel bereit, um sich am Ende der Feier auf die Kränze zu stürzen und die roten Schleifen mit ihren sozialistischen Parolen

abzureißen. Einmal wurde eine solche Trauerversammlung für den 90jährigen Senior der Partei, Louis Cohn, bei der Löbe das suspekte und verbotene Wort ›Freiheit‹ auszusprechen gewagt hatte, als verbotene Versammlung‹ von einem Polizeikommissar vorzeitig aufgelöst.

Die Inthronisation der Demokratie im Jahre 1918 ging dann gerade in Breslau mit einer gewissen pathetischen Feierlichkeit vor sich, die ein wenig an die Feste der Französischen Revolution erinnert. Drei nicht sehr glanzvolle Regimenter Infanterie, ausgemergelte Männer mit Verdun-Gesichtern, begaben sich, statt von Offizieren von Soldatenräten geführt, durch das immer noch repräsentative Spalier des Breslauer Kürassierregiments in die Jahrhunderthalle. Ihr Erbauer Max Berg weihte sie, in der Uniform eines gewesenen Pionierhauptmanns, zum ›Dom der Demokratie‹ – was allerdings bald genug wieder vergessen wurde. Die gewaltige Orgel spielte das Niederländische Dankgebet und die Arbeitermarseillaise. Paul Löbe sprach für seine Partei. »Gutt geprillt, Löbe«, soll einer der Genossen hernach zu ihm gesagt haben.

Sein politisches Leben bis zu diesem großen Augenblick hatte unter dem Wort des alten Webers Ansorge aus Hauptmanns Drama gestanden: »Mir leiden's ni mehr! Mir leiden's ni mehr, mag kommen, was will!« Solch tapferes Aufbegehren führte Löbe später folgerichtig ins KZ.

Die Jungen von der Dachkammer

Beide, Franz und Max, waren fast gleichaltrig. Sie besuchten dasselbe Gymnasium. Sie haßten ihre Heimatstadt Neiße abgründig. Vom Dachboden des gutbürgerlichen Hauses der Herrmanns inmitten der Altstadt schauten sie auf die Gassen hinunter. Warfen sich die Bälle ihres Ingrimms zu.

Eine schöne Stadt. Eine ›schöne‹ Stadt. (Man kann das ›schön‹ anders betonen.) Kirchenstaat durch 600 Jahre. Der Piast Boleslaus gibt das Fürstentum Neiße als fürstliches Geschenk den Breslauer Bischöfen. Eine geistliche Zwingburg. Strotzender Bürgerreichtum, manifestiert in der üppigen Stadtwaage – Renaissance. Kirchenreichtum quillt im Jesuitenbarock über... In St. Peter und Paul tut man einen illusionären Blick in einen gemalten barocken Himmel. Die reiche Stadt ist schön. Der Schöne Brunnen ist reich.

Sehr kunstreiche Bürger gibt es in Neiße: Goldschmiede. Kunsttöpfer. Fast 60 Glocken- und Zinngießer. Lauter Dinge, die das Leben schön machen. Das reiche Leben.

So sieht das in den Dachkammerbetrachtungen der beiden Gymnasiasten aus: Noch mehr Glocken für noch mehr Kirchen und Klöster. Friedrich, der Preußenkönig, stört die Ruhe nicht. Er tut das übliche: schnürt die Stadt in noch engere Festungswälle ein. Versöhnt sich im Schloß mit Joseph II. von Österreich, der versichert, daß es für Österreich kein Schlesien mehr gebe... Das sagt sich so hin, wenn man dazu gepreßt wird. ›Erpreßt‹, meinen die Neißer Gymnasiasten. Sie mögen auch das Bild nicht, das Menzel von dieser Begegnung gemalt hat. ›Historischer Monumentalschinken‹ nennen sie es. Der Maler Eduard Grützner wurde in Groß-Karlowitz bei Ottmachau im Neißer Land geboren. Er hat die lieben, dicken, gutmütigen Mönche mit den rosigen Bäckchen gemalt, die in Klosterkellern Wein schlürfen. Keiner von denen hat je von Hexenverbrennungen gehört. Sowas hängt in bürgerlichen Trinkstuben oder über dem Büffet des Speisezimmers – es wird später Adolf Hitler begeistern. Nach Neiße kam Eichendorff, um zu sterben. Von Visionen des Jüngsten Gerichts gepeinigt, Schutz suchend im Schoß der Kirche. »Lebt wohl und fragt nicht, wohin es geht.«

Von drunten hört man ›Preußens Gloria‹, das Ende des Sonntagskonzerts! Die Mitschüler steigen den Mädchen nach. Der letzte Trommelwirbel. ›Guten Appetit!‹ Hüteschwenken. Der Tisch daheim ist mit viel Silber gedeckt. Neißer Silberschmiedearbeit.

Radikal ausrotten! Neiße in Schutt und Asche! Sagt Franz, Jahrgang 1888. Der Jüngere ist der Radikalere. Max, 1886 geboren, ist klein, häßlich, rothaarig, hat einen Buckel. Die Mädchen da unten wenden sich auf der Straße angewidert von ihm ab. Was interessiert sie seine Liebe zum Schönen? Die Mitschüler knuffen und stoßen ihn. Häßlicher Zwerg! Sie sagen auch Schlimmeres. Dabei hat er eine inbrünstige Sehnsucht nach Freundschaft. Nur Franz ist sein Freund, Franz Jung. Der sieht sich gern als Franz Moor. Schade, daß es nicht mehr die Verlassenheit böhmischer Wälder gibt, um im Widerstand gegen das Bürgergesindel die Gesellschaft zu revolutionieren. In Rübezahls durchgeforstetem Reich sind nur gepflegte Wanderwege für Touristen.

Aber es gibt ja noch Rußland. Mit unermeßlichen Wäldern und weglosen Steppen. Dort braut sich etwas zusammen. In Oberschlesien, meint

Franz Jung, spürt man manchmal den russischen Wind. Die beiden Gymnasiasten halten die Nasen ostwärts.

Max Herrmann, der später den Namen der ungeliebten Geburtsstadt dem seinen hinzufügt, beginnt eines Tages zu dichten. ›Zweiseelenhaftigkeit‹ findet er selbst in seiner Lyrik: »Trauer und Trotz, Andacht und Empörung, Zärtlichkeit und Zynismus, Lied und Pamphlet.«... »Aus mir selbst aufsteigende Verse trösteten mich, machten mich dem ganzen Treiben da unten überlegen.« Gedichte erscheinen, in Berlin hat er einen Komödienerfolg. Aber Neiße, das Spießernest, horcht nicht auf. Es stößt ihn ab. Es zieht ihn wieder an. Neiße – Berlin, Neiße – Berlin. Ein schönes Mädchen aus Neiße, Leni Gabek, heiratet den Buckligen. Die poetische Märchenprinzessin Else Lasker-Schüler liebt die Schönheit ihres grünen Heinrich, der ›einen Hügel auf dem Rücken trägt‹. Künstler malen die schöne, geistvolle Häßlichkeit seines Gesichts: George Grosz, der Schlesier Ludwig Meidner.

»Findet sich in Dreiteufelsnamen nicht endlich ein großer Verlag für diesen Dichter?«, ruft der schlesische Landsmann Alfred Kerr erbost aus. Er findet sich. Einer der besten literarischen Fährtensucher: Samuel Fischer in Berlin. Später auch Kurt Wolff. Preise kommen. 1924 der ›Eichendorff-Literaturpreis‹. 1927 der ›Gerhart-Hauptmann-Preis‹. Schlesische Preise für den schlesischen Dichter, der im autobiographisch gefärbten Roman ›Cajetan Schaltermann‹ mit den muffig bornierten Spießern der Heimatstadt ins Gericht geht. Schon 1919 hat er im ›Tribunal‹ dem System bürgerlicher Bildung eine Absage erteilt, die sehr heutig klingt: ›Die junge, unverbrauchte Kraft der bisher Unterdrückten und Betrogenen muß sich ihre neuen, unbelasteten, zukunftsfreien Institutionen aus neuem Willen und neuem Grund selber schaffen.‹

Der Jugendfreund Franz, der Sohn des Neißer Uhrmacherhauses, schreibt zur selben Zeit leidenschaftlich glühende politische Pamphlete aus dem gleichen Geist. Wird Spartakist. Barrikadenkämpfer. Er schließt sich in München der intellektuellen ›Tat‹-Gruppe um Gustav Landauer und Erich Mühsam an, der aus einer jüdischen schlesischen Familie stammt. Als der am Spartakusaufstand in Thüringen Beteiligte fliehen muß, gelingt ihm einer der tollsten revolutionären Husarenstreiche. Als blinder Passagier taucht er auf dem Bremer Schiff ›Senator Schröder‹ auf, bringt die Mannschaft zur Revolte und entführt das

Schiff nach Murmansk. (Ein Vorläufer der heutigen Flugzeugentführer.) Lenin persönlich nimmt das Schiff dort in Empfang und beglückwünscht den Bürgersohn aus Neiße, dessen Großvater ein aktiver 1848er gewesen war und dessen Großonkel ein Attentat auf den alten Kaiser Wilhelm I. versucht hatte. Franz Jung, der in den nationalen Freikorps die künftigen faschistischen Totengräber des Reiches und der Heimat wittert, glaubt in der Sowjetunion die neue ›Menschenheimat‹ zu finden. Als Volkskommissar in der UdSSR baut er eine Zündholzfabrik auf. In Franz Pfempferts revolutionären Blättern ›AKTION‹ begegnet er Versen des Jugendfreundes Max Herrmann. Piscator spielt in Berlin in seinem proletarischen Theater Franz Jungs aufgewühlte Dramen. In ›Heimweh‹ wird russisch, mongolisch, indisch, mexikanisch und deutsch gesprochen. Ein Lautsprecher in einer Matrosenkneipe plärrt das Lied ›Heimweh‹ von Hugo Wolf nach Versen Eichendorffs:

Wer in die Fremde will wandern,
Der muß mit der Liebsten gehn,
Es jubeln und lassen die andern
Den Fremden alleine stehn.

Heimweh wurde die letzte Lebensqual der beiden Neißer Freunde. Eins der wilden, absurden Stücke von Franz Jung, deren Modernität weit über Brecht hinausreicht, hat den Titel ›Der verlorene Sohn‹. Er hatte aus der ›Menschenheimat‹ Rußland im Zeichen neuer Verfolgungen fliehen müssen. 1922 schrieb er über die Wolgadeutschen das Buch ›Hunger an der Wolga‹. Der ehemalige Spartakist wurde kapitalistischer Börsenmakler in Berlin, emigrierte in den Nazijahren nach Prag, Wien und Ungarn. Verschwand 1940 im KZ, tauchte 1948 in Italien auf. Lebte eine Zeitlang in Stuttgart, in Houston in Texas und starb dann 1961 in Stuttgart. Seine 1961 erschienenen Lebenserinnerungen heißen ›Der Weg nach unten‹. Es ist dies ein so irrer Weg eines maßlosen, dämonischen Rebellen, wie man ihn schon einmal in schlesischen Bereichen begegnen konnte, in Quirinus Kuhlmann, von dem noch zu reden sein wird.

Das Ende von Max Herrmann-Neiße wirkt daneben beinahe wie eine zarte Elegie. Doch war seine Qual gewiß nicht geringer. Max Herrmann, der keinen Tropfen jüdischen Bluts in seiner Ahnentafel nachweisen mußte, emigrierte freiwillig nach England, als Preußens Gloria die braunen Kolonnen in Marsch setzte. Das liberale England gab ihm Gastfreundschaft, er wurde für die englische Jugend ›the most beloved poet of London‹. Seine Gedichte wurden immer schöner – und immer schmerzlicher. »Die schönsten vielleicht, die seit Heinrich Heine im Exil geschrieben wurden«, sagt Stefan Zweig. Aber die Stimme des Emigranten trägt nicht weit. Mehr als 500 Exemplare hatte keine seiner Auflagen.

Doch wird hier niemand meine Verse lesen,
ist nichts, was meiner Seele Sprache spricht;
ein deutscher Meister bin ich einst gewesen,
jetzt ist mein Leben Spuk wie mein Gedicht.

Er will heim, heim, heim. In ein besseres Deutschland. 1939:

Mich dünkt, nun wär' es fällig heimzukehren,
Zu lang schon war ich in der Fremde Gast.

Er stirbt in der Fremde. In London 1941. Von dort klingt es herüber:

Denn die Heimat bleibt bestehen
In dem Lied verstoßner Söhne.

Er gehört zu den ganz großen Lyrikern Schlesiens. Hört ihn die größere Heimat noch: Deutschland? Was weiß sie von Franz Jung? Unsere Experimentiertheater suchen Spielvorlagen. Sind sie unter seinen zerfetzten Szenen von Liebe und Sex, in seinem literarischen Dadaismus nicht zu finden? Franz Jung sah noch die Bilder vom zerstörten, verbrannten Neiße. Die Zukunftsvisionen der beiden Jungen in der Dachkammer der Heimatstadt waren schaurige Wirklichkeit geworden. Doch sie lösten keine Genugtuung aus.

3. Kapitel
Das große Komödienhaus Schlesien

Passionen aller Art

Die Schlesier waren verspielt. Es war, als ob sie es dem lieben Gott nicht gönnten, nun so ganz allein die große, bunte Welt geschaffen zu haben. Als seine Kinder wollten sie sie noch einmal nachschaffen. Sie hatten eine Neigung zum Tüfteln und Basteln, sich und andern mit spielerischen Kreationen Freude zu machen. Manchmal geschah es gewiß zu Erwerbszwecken, aber oft auch nur zu eigenem Ergötzen.

In den letzten Kriegsjahren verbrachten wir unsere Ferien im Glatzer Bergland. Der Sommer 1944 in Wölfelsgrund war erfüllt von Sonne und vom Duft der Himbeerschläge. Da gab es im Bannkreis des Wallfahrtskirchleins Maria Schnee einen Bauerngarten mit blühendem Phlox und Rittersporn. Dorthin gingen unsere Kinder am liebsten; denn der Bauerngarten war ein Zauberreich. Da sah man Rübezahl in mancherlei Gestalt, da kroch aus Grotten seltsames Fabelgetier, zeigten sich Eiszeitungeheuer, ins Schlesische transponiert, Alräunchen und spukhafte Wurzelwesen. Die Lieblingsfiguren aus Grimms Märchen waren in Szenen erstarrt, und die Gestalten der Heiligen Schrift präsentierten sich, hoheits- und liebevoll in Holz geschnitzt, in magisch erleuchteten Räumen. Die Kinder liebten das alles sehr, und ich denke mit Wehmut an den Bauerngarten inmitten der Gebirge zurück, wenn ich so manchen deutschen Märchenwald nahe den Autostraßen mit konfektioniertem Heinzelmännchenkitsch vollgestellt sehe.

In großen Wäldern und einsamen Gebirgstälern ist allezeit geschnitzt worden, von Finnland bis ins Ötztal. Doch gab's in Schlesien ausgemachte Spezialisten. Den 1796 in Krummhübel gestorbenen Sigismund Kohl, der sich, wie seine Schüler, ›Vogelmacher‹ nannte. In seinem Garten hatte er das gesamte Riesengebirge nachgebaut. Der Weber Hüttig in Bunzlau ließ das kopernikanische Weltsystem mit der Sonne als Mittelpunkt aus Holz erstehen, bewegte gottväterlich Mond und Sterne. Im oberschlesischen Carlsruhe, einem aus Sumpf und Morast geborenen Fürstensitz in der Nachfolge des regelmäßigen Stadtplans der badischen Namensschwester, spielte man auf Kanälen mit sanft gleitenden Gondeln südländisches Venedig und mit einem heidnischen Tempel ›Antike‹. Aber auch Jean Jacques Rousseaus Romantik wurde hier in Einsiedeleien Genüge getan. Den heiteren Gast überkam ein Schauder, wenn er eine Felsengrotte betrat und ein weißhaariger und graubärtiger Eremit sich erhob, vor dem ein aufgeschlagenes Buch mit der düsteren Mahnung MEMENTO MORI lag. Der stumme Einsiedler war ein mechanisches Kunstwerk, mit Knopfdruck zu betätigen. Rousseauisch nachempfunden waren auch die Parkanlagen, die der tüchtige Bürgermeister Schönau (gestorben 1802) in seiner Heimatstadt Hirschberg anlegen ließ. In dieser wunderschönen Stadt, deren Markthäuser durch Lauben und Giebel eine anmutige Beschwingtheit erhalten – Hirschbergs großer Sohn Günther Grundmann weiß darüber mit wissenschaftlicher Akribie und einfühlsamen Worten viel zu sagen –, gab es unvergleichliche Parkparadiese: einen die Unsterblichkeit beschwörenden Immortellengarten, einen Helikon, nicht leichtfüßigen Musen, sondern einem strengen Kriegsgott geweiht: ›Friedrich dem Einzigen‹, der die Stadt geliebt haben soll.

In Bunzlau gab es Anfang des vorigen Jahrhunderts Aurikelgärten, in denen die berühmten Blumisten der Stadt über 70 Sorten dieser biedermeierlich liebenswerten Primelgewächse zogen, deren dekoratives Widerspiel man auf Tippeln und Krügeln des berühmten Bunzelgeschirrs zu finden meint. Aber der Ehrgeiz der Blumisten ging weiter: sie legten Gärten als Landkarten an. Da konnte man gemächlich um ganz Asien und Afrika herumspazieren, Berge, Wüsten und Palmenhaine im Liliputformat bewundern oder mit einem kleinen Schritt den Nil überqueren. Ein funkeläugiger Salamander vertrat die zuständigen Krokodile. Der Bunzlauer Tischler Jakob verfertigte eine Maschine, die 15 Zentimeter hohe Schnitzfiguren Szenen aus dem Leiden Christi darstellen ließ.

Daß sich ein ganzer Ort in den Schauplatz der Passionstragödie verwandelte, konnte wohl auch nur schlesischem Phantasieflug gelingen. Daniel Paschasius von Osterberg, der zwei Reisen ins Heilige Land gemacht hatte und dem fromme Visionäre die für die Gründung eines Wallfahrtsorts notwendigen Wundererscheinungen brachten, machte Albendorf zum ›glätzischen Jerusalem‹. Er ließ durch italienische Architekten, Dekorateure und Alleskünstler jene Paradiesgärtlein, wie sie mit dem üppigsten und figurenreichsten Aufwand im Neapolitanischen entstanden, hier, nahe der Heuscheuer, zu einer lebensgroßen Traum- und Spielstadt werden. Nun strömten Pilgerscharen von weither, aus Böhmen und Mähren, der Slowakei und Ungarn nach Albendorf, gingen in frommer Verzückung über den Bach Kidron zum Berg Zion, zum Garten Gethsemane und zum Ölberg. Sie fanden in Kapellen und Höhlen die Heilsgeschichte dargestellt. Ja, es wurden seit 1693 sogar Passionsumzüge durchgeführt und die Leidensgeschichte in lebenden Bildern gezeigt. Das bayrische Oberammergau fand hier, nur 59 Jahre später, seine Nachfolge.

Die Bauern, die sich aus vielen Völkern und Ländern in Albendorfs barocker Wallfahrtskirche einfanden, ahnten freilich nicht, daß sie im Reichtum ihrer bunten Trachten ein vielleicht noch faszinierenderes weltliches Schauspiel boten. Die Kurgäste der nahen glätzischen Bäder, die im 18. und 19. Jahrhundert ihre Blütezeit erlebten, haben an diesem Folklore-Schauspiel ihr reines weltliches Vergnügen gehabt. Wenn sie auf der Hin- oder Rückreise die in Sandstein verwunschenen Tiere, Menschen und Gebrauchsgegenstände des Heuscheuergebirges besichtigten, dann war ihnen die Völkerschau einer Albendorfer Wallfahrt die zusätzliche Postkutschenreise wert. Daß die Heuscheuer selbst von den Menschen des Landes mit einem Riesensarg verglichen wurde, störte die mehr nach den Heilkräften von Brunnen und Bädern als nach den Heilskräften der Bibel begierigen Kurgäste wenig.

In Bad Landeck, dem Modebad der schlesischen Gesellschaft, ließ sich's damals lustig leben. 1813 gab's in Schlesien viel Kriegselend. Doch wer über genügend Geld verfügte, um aus seiner Flucht eine Badereise zu machen, konnte in Landeck seine Tränen schnell trocknen. Der junge Holtei hat es erlebt und beschrieben, der mit seiner Pflegemutter als Flüchtling unversehens in diese Welt der ›high society‹ geriet. Da waren der König von Preußen und der Kaiser von Rußland, die, laut amtlichen Bulletins, in mitfühlender Sorge ihrer tapferen Truppen gedachten, ihren Kummer aber bei Konzerten und Réunions, bei Theatervorstellungen und in Badehäusern rasch vergaßen. Hier flirtete und jeute der hohe Adel Böhmens. »Beide Geschlechter baden zugleich«, sagt ein Chronist, »und ein weibliches Geschöpf, das wahrhaft schamhaft nach Landeck kommt, muß unvermeidlich minder schamhaft von da zurückkehren.« In den Abwässern der Badehäuser badeten das ›niedere Volk‹ oder die Pferde der Großen, denen Bad Landeck, ebenso wie einst Friedrich dem Großen, gegen Gelenksteifigkeit verschrieben wurde. Auf den Straßen wurde promeniert und musiziert. Musikanten in abenteuerlichen Vermummungen und mit mechanischen Aufbauten wurden zu lebenden Orchestrions. Das spielerische Schlesien trompetete, trommelte und pfiff. Krippenschnitzer verkauften ihre Produkte an die Fremden. Dorfhandwerker, gräfliche Untertanen, spielten in Grafenort naives Theater, wie ihre Zunftgenossen im ›Sommernachtstraum‹.

Manchmal predigte in Bad Reinerz der Herr Pfarrer wider die Sünde der Welt in einer als Walrachen geschnitzten Kanzel. Die Kurgäste fühlten sich davon nicht betroffen – wie ja auch heute noch im Theater das beschimpfte Publikum immer die andern als gemeint ansieht. Sie fanden es lustig, wie der Wal seine riesigen Zähne über dem schwarzen Eiferer bleckte. Auch das war ihnen ein Stück weltlichen Vergnügens wie die Albendorfer Passions- und Trachtenschau oder dieses ganze verspielte Schlesien.

Eros, Sex und Pflanzenkunde

Blumenfeste in mondbeglänzten Zaubernächten – das gab's in Breslau seit 1588. Lorenz Scholz, ein großer Arzt und in Pestzeiten zu hohem Ruhm gelangt, hatte die berühmtesten Universitäten seiner Zeit besucht: Wittenberg, Padua und Bologna. Der Glanz des Südens, seiner Musenhöfe und Gärten, hatte ihn beglückt, und einen Abglanz davon wollte er in die ostdeutsche Heimat bringen. Er legte den ersten botanischen Garten in Breslau an. Doch ging es ihm nicht allein um die Heilkraft seiner Pflanzen und ihren Nutzwert für das Studium – er zeigte darin auch Gewächse der wunderlichsten Art, die mehr durch die Absonderlichkeit oder Schönheit ihrer Blüten und Früchte in Erstaunen versetzten, als daß sie für den menschlichen Gebrauch geeignet waren. Da fand man zum Beispiel die sehr hübschen roten und grünen Paprikaschoten, Liebesäpfel, wie sie auf Bildern zeitgenössischer Maler von Edelfräuleins gepflückt wurden. Später gab man ihnen den etwas plump bürgerlichen Namen Tomaten. Pflanzen aus der Familie der Solanaceen, deren Blätter freilich nützlich wurden, wenn man sie aufgekocht zu Heilzwecken schluckte oder auf schwärende Wunden legte: Tobacco oder Tabak genannt. Und eine südamerikanische Pflanze mit dem peruanischen Namen ›Papas‹ kultivierte Dr. Scholz wegen ihrer reizenden hellrosa Blütendolden. Sie zeichnete sich durch absonderliche Knollenwurzeln aus. Mädchen wanden sich die Blüten ins Haar: Kartoffelblüten...

Ganz neu in diesen Breiten und von ebenso exotischem Blütenzauber wie die Kartoffelpflanze waren ein paar Fliedersträucher. Sie zu sehen und in der Blütezeit sich an ihrem unwahrscheinlich süßen Duft zu erfreuen, kamen Besucher von weither. 70 Dichter sollen in feingedrechselten Strophen diesen Breslauer Garten besungen haben, samt Tabak, Tomaten und Kartoffeln. Zu den von ätherischem Mondlicht, hoher Bildung und einem sanften Eros durchströmten Sommernachtsfesten des Professors Scholz zugelassen zu werden, galt als

hohe und seltene Ehre. Denn der Seuchendoktor, der sich in der Rolle des Apoll gefiel, lud nie mehr als 8 Gäste zu sich, um die magische Zahl *9* – die Musenzahl vom Parnass – nicht zu überschreiten. Die weiblichen Gäste mußten Jugend, Tugend und Schönheit aufweisen – zu allen Zeiten ein rarer Glücksfall, wenn diese drei Dinge zusammentreffen... Blumen lagen auf dem Tisch der zierlichen Pavillons. Blumen umkränzten die Weingläser. Reden wurden gehalten, griechische und lateinische Verse gesprochen – und verstanden. Bukolische Lieder ertönten zur Laute. Zarteste Huldigung, wenn ein gebildeter Jüngling seinem Mädchen die Kartoffelblüte hinters Ohr steckte. Wenn eine schöne Jungfrau mit zierlichen Fingern dem Professor einen Liebesapfel reichte. (400 Jahre später würde sie ihm die vollreife Tomate ins Gesicht oder auf den Talar geworfen haben...) Es war da eine etwas blasse, dünnblütige Erotik von der Art des Botticelli ins Land der kräftigen Leibesgenüsse geraten.

Das mochte auch der Rechtsanwalt Dr. Schaarschmidt erkennen, der später einmal die Gärten bekam und der nun, in der sinnenfrohen Barockzeit, alle die sonderbaren, unnützen Gewächse seines Vorgängers hinauswarf. Kartoffeln und Tomaten waren ohnehin häßlich ins Kraut geschossen. Mit den tugendhaften, schönen Jungfrauen hätte es jetzt wohl noch mehr Beschaffungsschwierigkeiten gegeben als in der Renaissance. Er verwandelte darum das Ganze in einen Figurengarten mit Wasserkünsten. Schöne, vollbusige, nackte Damen aus Bronze und kräftige Muskelmänner belebten ihn. Sie entstammten samt und sonders der körperfrohen Antike und ihrer Mythologie. Die Herren Besucher durften Detailinteressen mit Bildung kaschieren. Und der ›Breslauische Wassergarten‹ lockte wiederum Menschen aus aller Welt an, wie hundert Jahre früher der Botanische Garten des Doktor Scholz.

Ein wirklicher ›Naturgarten‹ – wie heute noch manche Berliner Gasthofbesitzer ihre vier Bäume und drei Blumenkästen im Hinterhof nennen – wurde dann erst der ›Fürstengarten‹ des Erbprinzen zu Hohenlohe-Ingelfingen. An einem Altlauf der Oder entstand aus Auenwäldern ein romantischer Garten im englischen Stil. Unser Kronzeuge Goethe sah ihn sich anläßlich eines königlichen Empfangs durch Friedrich Wilhelm III. und Königin Luise an. Er konnte immer Anregungen für seinen geliebten Weimarer Park gebrauchen.

Wenn in unseren Tagen noch zwei junge Menschen im Frühling mit dem Dampfer ›Wintermärchen‹ oderaufwärts fuhren, sich auf der ›Liebesinsel‹ einer unzimperlichen Liebe hingaben und auf dem Heimweg in Villenvierteln dicke Fliedersträuße stahlen, dann war dies gleichsam ein letzter Nachklang des ästhetisch-ätherischen Mondscheinzaubers bei des Doctor medicinae Lorenz Scholz verklungenen Festen.

Jugendliche unter 18, weghören! Jetzt kommen die Feste des Grafen Hoditz. Versailles auf Rübenland! ›Der andere Casanova‹ hieß man ihn in seiner Zeit mit männlichem Neid und unverhohlenem weiblichen Respekt. Eine fünfzigjährige Bayreuther Markgräfin aus Erlangen erlangte den Grafen für ihre späte Gier. Ein glückliches Vatererbe von sechs Millionen erlaubte ihm, aus seinem Gut Roßwald ein Zauberreich mit einem Märchenschloß, mit Liebesgrotten und Liebesinseln, mit Pagoden und Haremsgebäuden, Tränentälern und Freudenhäusern zu machen. Man spielte arkadisches Schäfertreiben und üppiges Ha-

remsleben. Das Kostüm der schönsten Mädchen und Frauen, die sich der junge Graf weit in der Runde von seinem Besitz zutreiben ließ, war eine mit zarten Schleiern kaum verhüllte oder eine vollkommene Nacktheit. Auch die Bildung verhüllte nichts: Dörte Scholz war eine flötenspielende Dryade, die von behaarten Faunen – gräflichen Ackerknechten – aus den Gebüschen gejagt wurde und auf dem Schoß von fürstlichen Standesherren Schutz suchte. 1770 weilte der große Friedrich aus Potsdam als Gast unter ihnen. 58-jährig und doch schon ein Greis, gichtverkrümmt, mit braunen Zahnstumpen – aber es heißt, er sei in Roßwald noch einmal jung geworden. Nackte Nymphen umschwammen singend seine Gondel – er hatte sein Wohlgefallen an ihnen. Oder mehr noch an dem knabenhaften nackten Narziß, den sie mit Wasserstrahlen begossen? Nach dem Mahl legten sich in Haremsgrotten süße Houris zu ihm, und unsichtbare Musikanten flöteten Kompositionen von Seiner Majestät. Ferne Erinnerungen an die glückliche Kattejugend?

Dies war die gräfliche Rokokowelt aus ›Figaros Hochzeit‹, die Welt am Vorabend der Französischen Revolution. Jus primae noctis – das Recht der ersten Nacht gehörte dem Standesherrn. Hoditz nahm sich das Recht auf noch viele weitere Nächte. Die hübschesten Mädchen aus seinem Gutsgefolge läßt er zu Sängerinnen und Tänzerinnen ausbilden. Sie singen für ihn. Sie tanzen für ihn. Mit den reiferen Ehefrauen führt er eine tolle Komödie auf. Sie müssen ihren Kopf in einen Heuhaufen stecken, und die Ehemänner sollen an den allein sichtbaren nackten Hinterteilen erraten, welches ihre Frau ist. Wer die besonderen Merkmale seiner Frau am ersten erkannt hat, erhält durch gräfliche Gnade ein Joch Ackerland als Geschenk. So wird das Gut allmählich kleiner. Die Reichtümer schmelzen dahin wie Butter an der Sonne. 1774 steht Hoditz – 68jährig – vis-a-vis du rien. Der König versteht genug Französisch und erinnert sich dankbar der Feste von Roßwald – sie waren wie ein ferner Abglanz von Rheinsberg. Königliche Gnade erreicht Ihre gräflichen Gnaden. Eine Hofpension winkt dem alt-

gewordenen Herrn der Houris und Dryaden. Casanova II. stirbt in Potsdam, Hoditzstraße 9. Die Sowjetsoldaten konnten 1945 den Namen schlecht aussprechen: Towarischtsch Choditz. Sic transit...

Der Sonderfall

Großgrundbesitzer, Grandseigneur, Snob, glänzender Schriftsteller, Schlesier, Weltbürger, Weltreisender, 19. Jahrhundert, 18. Jahrhundert, Libertin – Fürst Hermann zu Pückler-Muskau entzieht sich jedem Schema. Gartenkünstler, das weiß der Gebildete. Fürst-Pückler-Eis führt jede Speisekarte. Vielleicht ist er doch nur ein großer Laienkoch gewesen wie Brillat-Savarin? Er war ein Sonderfall, der sich jeglicher Rubrizierung entzieht. Ordentliche deutsche Literarhistoriker mögen so etwas nicht. Pfarrerssöhne, die das innerliche Leben preisen, lassen sich besser unterbringen. Einer wie Heine dagegen hat an so einem Außenseiter Spaß. Auch unser Kronzeuge Goethe findet vortreffliche Seiten an ihm. Was soll man dazu sagen: Ist es der Propagandavortrupp für einen amerikanischen Zirkus, der da auf einem Sandweg der kargen nordschlesischen Höhen mit dem Gepränge eines Perserschahs daherreitet? An der Spitze ein Mann mit einem charaktervoll geprägten Aristokratenschädel auf einem edlen arabischen Roß. Glöckchen und Tschinellen. Dromedare schauen fremd hochmütig in dieses sonderbare Land, dessen Sand nichts mit heißem Wüstensand zu tun hat. Braune Menschen, schwarze Menschen. Diener? Sklaven? Und auf einem Zelter ein Mädchentraum aus Tausendundeiner Nacht. Ein schlankes, sehr graziles Wesen von ungewöhnlich fremdartiger Schönheit mit rötlichbrauner Haut. Sie scheint zu frieren. Machbuba ist ihr Name. Eine Äthiopierin, 12jährig, noch ein Kind, in eine Gegend verirrt, wo die Orte Weißwasser und Zibelle heißen...

Vielleicht wäre der Fürst zu Pückler-Muskau als größter Egoist seines Zeitalters unwidersprochen einzuordnen. ICH! ICH! ICH! ist seine Lebensmaxime. Aber Egoismus, gepaart mit Charme – das ergibt mildernde Umstände. Seine Frau war Gräfin Lucie Pappenheim, eine Tochter des Staatskanzlers Hardenberg, zehn Jahre älter als er. Sie duldete es, daß der Mann ihre Tochter Hermione mehr liebte als sie. Sie läßt sich gehorsam scheiden, als der verschuldete Fürst eine reiche englische Aristokratin heiraten will. Als aus der englischen Ehe nichts wird, bleibt sie bei ihm wohnen, als Seelenfreundin, als seine ›geliebte Schnucke‹. Sie widersetzt sich nur den abenteuerlichsten seiner Ideen. Als er z. B. eine formelle Doppelehe mit ihr und ihrer Tochter nach dem Vorbild des thüringischen Grafen von Gleichen schließen will. Er hat für seine Extravaganzen immer irgendwelche literarischen Vorbilder, wie er denn überhaupt in einer irrealen Welt zwischen Gut und Böse zu leben scheint. Die Geliebte Machbuba soll sein Geschöpf werden wie dem antiken Bildhauer Pygmalion die ins Leben gerufene Marmorstatue. Religiöse Hybris: ›ein Geschöpf, das mir gleich sei‹. Dabei ist er zum Katholizismus konvertiert. Die Kirche nimmt den reichen Standesherrn mit offenen Armen auf. Sie drückt sogar ein Auge zu im neuen Fall Machbuba. Lucie duldet die Äthiopierin, vielleicht sogar mit ein wenig Mitleid gegenüber diesem ewig fröstelnden, in der Fremde verlorenen Geschöpf, das der Fürst auf dem Sklavenmarkt von Gontar gekauft hatte.

Oft bleibt die Gräfin allein mit dem abessinischen Kind. Der Fürst hält es an der Lausitzer Neiße, diesem kümmerlichen Flüßchen, nie lange aus. Es hat ihn, der als Kind einer unglücklichen Ehe unter Hauslehrern und Dienstboten aufgewachsen ist, immer umgetrieben. Auf den Schulen, während des Studiums. ›Der tolle Pückler‹ heißt er schon, als er, Leutnant im Elite-Regiment Garde du Corps, bei Dresden in voller Uniform auf seinem Pferd in die Elbe springt. Er führt ein wildes Leben in Wien, lebt unter falschem Namen in Ulm. Italien, die Provence, Venedig, Straßburg sind einige von seinen vielen frühen Etappen. Er schreibt Bücher voll funkelndem Esprit. Städte und Landschaften empfangen darin impressionistischen Glanz. Er ist bezaubert vom mediterranen Südfrankreich, hingerissen von Englands Demokratie. Preußen erscheint ihm dumpf und eng wie der Protestantismus. Aber er liebt Berlin! Die Salons der geistreichen Frauen, der Rahel Varnhagen, der Henriette Hertz. E. Th. A. Hoffmann und Heinrich Heine werden ihm Freunde. Auch andere nennt der Fürst seine Freunde, den geistvollen Reaktionär Metternich in Wien, den Sultan in Konstantinopel. Heinrich Heine ist von seinen Schriften entzückt: »Er hat die Frömmler köstlich gegeißelt.« Dazu mal ein kleines militärisches Abenteuer: 1814 siegreicher Einzug in Paris, als Adjutant des Großherzogs von Weimar.

Der Fürst eignet sich besser zu dekorativen Einzügen als zum schmutzigen Geschäft des Kriegführens. Goethe bleibt darum etwas mißtrauisch gegenüber diesem kurzfristigen Adjutanten seines Herrn und Freundes Karl August. Doch lobt er nachher sein literarisches Hauptwerk, die anonym erschienenen ›Briefe eines Verstorbenen‹, hoch. In einer seitenlangen Rezension nennt er sie ›das beste neu erschienene Buch‹.

Die europäische Welt wird dem Fürsten Pückler bald zu klein. Der Zauber des Orients nimmt ihn gefangen. Kreta, Tunis, Kairo – eine Expedition zum Oberen Nil. Er sagt ein intelligentes Wort: ›Die Zukunft wird nicht den Türken, sondern den Arabern gehören.‹ Er diagnostiziert sich selbst am vortrefflichsten: er liebe es, in der Wirklichkeit zu phantasieren, aber wirklich leben könne er nur in der Phantasie. Und diese Phantasie ist im höchsten Maße schöpferisch. Nicht nur in seinem literarischen Werk, der Brillanz seiner Reisebücher, sondern in seiner eigentlichen Lebensleistung: in den Parks seiner Schlösser Muskau und später – als er, völlig verschuldet, Muskau verkaufen muß – in Branitz. Hier arbeitet er wirklich zäh, unerbittlich. Er versetzt Wälder und Berge, läßt Sümpfe austrocknen, Straßen verlegen und Seen ausheben. Er macht aus Sandwüsten Paradiese. Die Gartengestalter der ganzen Welt werden dereinst auf das Wunder Muskau schauen. Man kann das Erreichte nicht schöner schildern als mit den Worten eines Dichters: ›Dieses aus dem Traum eines einzelnen geschaffene Eden, in das jeder Mensch eingeladen wird, um wieder einmal ganz menschlich sich auf seiner lebenden und atmenden Heimaterde zu fühlen, zu fühlen mit Baum und Busch, mit Blume und Stein, mit Strom und Sonne.‹ Das sagte Carl Hauptmann, der rübezählische Poet aus den Gebirgen.

Klassische Form und Harmonie suchte der Fürst in seiner Muskauer Gartenschöpfung. Ruhe fand er dennoch nicht. Er bleibt der Umgetriebene. Machbuba stirbt mit fünfzehn an der Schwindsucht. Er trauert tief um sie wie später um Lucie. Trotzdem hat der 60jährige noch einmal eine leidenschaftliche Affäre mit der Frau eines französischen Gesandten in Weimar. Im Siebziger Krieg bietet der 85jährige seine Kriegsdienste an. Der Preußenkönig winkt höflich ab. So repräsentativ ist der alte Herr bei Siegesparaden nun doch nicht mehr.

Tragikomisch, daß sich der greise Welt- und Lebemann zuletzt in Korrespondenzen mit blaustrümpfigen Damen erging, mit emanzipierten Schriftstellerkolleginnen von der Art der Gräfin Ida Hahn-Hahn, über die Heine die Lauge seines Spottes ausgoß, der redlichen Marlitt mit dem ›Geheimnis der alten Mamsell‹ und der politisch engagierten, aber exaltierten Bettina von Arnim. 1833 schreibt sie, die einst mit Goethe den berühmten ›Briefwechsel mit einem Kind‹ geführt hat: ›Du hast mich gefragt, verzauberter Fürst, ob ich es deinen Kräften gemäß und deiner würdig achte, daß du deine Zeit hinbringest, dieses Land zu verschönen; hierauf hab' ich dich Friedensfürst genannt. Und nun setze ich hinzu: keine Handlung ist größer als die andere, aber die ist die reinste, die um ihrer selbst willen geschieht...‹

Das Werk des Friedensfürsten hat 1945 der Krieg zerstört. Schloß Muskau ist verbrannt. Die Neißegrenze hat den wunderbar lebendigen Organismus des Parks in zwei Länder geteilt und damit vernichtet. Das hätten selbst die ausschweifendsten Phantasien des exzentrischen Fürsten sich nicht erträumen können.

4. Kapitel
Schlesisches Welttheater

Sich wandelnde Verwandter

Es müßte kurios zugehen, wenn im Land der wandelbaren Schlesier und ihres größten Verwandlers Rübezahl, der in allerlei Gestalten von Mensch und Tieren auftrat, keine großen Schauspieler aufgewachsen sein sollten. Sie sind es. Und auch der Dramatiker, der dem Theater der Welt, wie kein zweiter in neuerer Zeit, die wunderbarsten Gestalten, den Schauspielern die dankbarsten Rollen schrieb, ist ein Schlesier gewesen: Gerhart Hauptmann. Der Urberliner Max Liebermann, sonst so nüchtern im sarkastischen Urteil, stand staunend vor diesem Kosmos der Figuren. »Wie det arbeet!«, sagte er. Er meinte das vegetative Wachsen und sich Verwandeln der Gestalten im Atemhauch des Schicksals.

Wie das hernach auch wieder arbeitete in den reproduzierenden Schauspielern! Ich erinnere mich einer der bedeutendsten Hauptmann-Schauspielerinnen: Else Lehmann, die ich in dem vielschichtigen Stück ›Die Ratten‹ gesehen habe und die in diesem Berliner Hinterhofdrama als Frau des Maurerpoliers John einen Kindsraub mit Selbstmord sühnt. Die Qual dieses leidenden Muttertiers zu sehen bewegte die mitspielenden Kollegen so, daß sie in der Kulissengasse zu heulen anfingen.

Eine seiner größten Schauspielerinnen hat dem Bühnendichter die Stadt Breslau geboren. Agnes Saremba hieß sie. 1862 kam sie in proletarischem Milieu zur Welt. Die Mutter war Arbeiterwitwe, der Vater unbekannt. Später wurde die Mutter Gefangenenaufseherin. Eine ›Ratten‹-Welt. Und Agnes wurde mit dreizehn erster Zwerg im ›Schneewittchen‹. Kinderdarstellerin im Lobetheater. Allmählich wird das Proletarierkind ein Zauberwesen. Wird vollkommene Natur und ist doch auch wieder nicht von dieser Welt. ›Das Käthchen von Heilbronn‹, zart, zerbrechlich, kindhaft, mit einem Strahlen der Augen, einem inneren Leuchten, das die Kritiker wortarm machte, oder, wie Alfred Kerr, in Ekstase ausbrechen ließ. Agnes Sorma nannte sich jetzt das Mädchen. In Berlin formt sie Adolf L'Arronge, der Regisseur und

Theaterleiter, mit behutsamer Hand. Sein Nachfolger Brahm und wiederum dessen Nachfolger Max Reinhardt führen die Traumwandlerin auf ihrem Weg. Hauptmann wird ›ihr‹ Dichter. Das Hannele Mattern in ›Hanneles Himmelfahrt‹, das Rautendelein in der ›Versunkenen Glokke‹ – vielleicht hat niemand nach ihr noch diese Rollen spielen können. Heute längst vergessene Vokabeln fallen einem dabei ein: Keuschheit, Reinheit – die Hanneles sind wohl ausgestorben. Selbst die jüngste Schauspielschülerin kann heute nicht mehr als Rautendelein mit der ›Sumserin von Gold‹ vorsprechen. Ein Klang ist verweht, ein Glanz dahingegangen... (Alfred Kerr: »Sie war die Herrlichste. Sie bleibt die Herrlichste.«) Dem alten Ibsen erfüllte die Sorma das Ideal seiner ›Nora‹. Ihre Minna von Barnhelm hatte die volle, klingende Heiterkeit dieser bezaubernden Rolle.

Eine Zeitlang reiste die Sorma mit einer eigenen Truppe und erlag der Gefahr des Nichtgeführtwerdens. Der Schauspieler Rudolf Rittner – auch er ein Schlesier und von Lovis Corinth unvergänglich gemalt als Florian Geyer mit der zerfetzten schwarzen Rebellenfahne – betrachtete sie damals kritisch: »Wenn sie so die große Nummer mimt, da mach' ich nicht mit. Aber wenn sie einfach Agnes Sorma aus Breslau ist, dann ist sie mir lieber als alle andern.« Sie mußte Natur bleiben, um ganz groß zu sein. Das Schicksal überforderte manchmal ihre zarten Kräfte. Freiwillig ging sie, die einen Grafen Minotto geheiratet hatte, als Krankenschwester in den Ersten Weltkrieg. Sie starb nach dem Krieg, 1927, bei ihrem Sohn James in den USA. Die Nachbarn kannten sie nur als ›die deutsche Gräfin‹. Niemand wußte um ihren Bühnenruhm. In Berlin-Wannsee liegt sie begraben. Ihr Name ist Legende geworden wie der von Eleonora Duse.

Ein anderes junges Mädchen wächst in Breslau in einer ebenso düsteren Umwelt auf. Die Mutter, die mit 16 Geschwistern groß geworden ist, bewohnt als Näherin eine armselige Stube an einem Bahndamm. Wenn das Kind in der freudlosen Umgebung die Nase ans Fenster drückt, sieht es vorüberratternde Eisenbahnzüge, Leichenzüge mit schwarz verhangenen Pferden, mit trübseliger Musik, vor denen dem kleinen Mädchen graut. Sie ist die uneheliche Tochter eines verheirateten städtischen Beamten, eines verbitterten Mannes und heimlichen Dichters. Wie ihre Klassenkameradin Lucie Höflich möchte sie Schauspielerin werden. Sie wird es. Wie die Sorma verändert sie ihren

Namen: Aus Käthe Simon wird Hedda Somin. Sie hat Erfolge im Engagement: in Berlin, in Breslau. Und doch liegt ihre Lebensleistung auf einem ganz andern Gebiet. Als Frau des Berliner Bildhauers Max Kruse wird sie Käthe Kruse, wird sie eine glückliche Mutter, die ihre Kinder in Puppen nachbildet. Ihre große Theaterwelt verwandelt sie in eine kleine Puppenwelt. Die Puppenmutter Käthe Kruse aus Breslau liebten und lieben Millionen Kinder auf der ganzen Erde, in den USA wie in der UdSSR. Die Frau, die unter ihrer trostlosen, deprimierenden Kindheit gelitten hatte und die 1969 starb, brachte ein wenig Licht in die Welt. Was kann ein Mensch mehr?

Lassen wir den schlesischen Komödiantenreigen weiter vorüberziehen. Schweidnitz rühmt sich, daß in seinen Mauern Stranitzki im Jahre 1676 geboren wurde – er hat die nachher weltberühmte Figur des Hanswurst erfunden und ihr im Wiener Volkstheater, dessen eigentlicher Schöpfer er war, zum Triumph verholfen. Verbannt und verbrannt, steht Hanswurst immer wieder auf, wie der Schalksnarr Till Eulenspiegel.

Aus Breslau stammte Ferdinand Fleck, der bedeutendste Schillerdarsteller seiner Zeit, der Wallenstein in der denkwürdigen Berliner Premiere von 1799. Ihm an Ruhm gleich kam Karl Seydelmann aus Glatz, der Mephisto des Preußischen Hoftheaters in Berlin, der Franz Moor, der Shylock und Nathan seiner Tage, ein Meister der psychologisch differenzierten Charakterisierungskunst. Aus Trachenberg kommt Anton Genast – so hatte er seinen schlesischen Namen Kynast verändert. Er verkehrte mit Mozart in Prag und wurde Regisseur am Weimarer Hoftheater. Neben Rudolf Rittner steht oft sein Landsmann Friedrich Kayssler auf Berliner Bühnen, zum Beispiel in Hauptmanns ›Und Pippa tanzt‹. Der eine überwältigt durch Kraft und Vitalität, der andere durch sublimste geistige Durchdringung seiner Rollen.

Seit 1892 war Theodor Löwe Breslaus glanzvoller Theaterherrscher über Oper, Schauspiel und Operette. Von 1921 bis 1933 wurde das Lobetheater unter Paul Barnay eine der Durchgangsstationen zu den letzten Sehnsuchtszielen bedeutender Talente: zu Otto Falckenberg in München, zu Hilpert oder Max Reinhardt in Berlin. Aber auch das Thaliatheater hatte seine Meriten. In Breslau debütierten Rudolf Platte und O. E. Hasse, hier standen Tilla Durieux, Käthe Gold, Angela Sallocker und Fita Benkhoff auf den knarrenden Brettern eines schon baufälligen Hauses, in dem, wie August Scholtis erzählt, die Zuschauer in der Pause Mäuse jagten. Doch die Atmosphäre des Lobetheaters war wunderbar, von seinen Leistungen sprach man selbst in der Reichshauptstadt mit Bewunderung. Große Regisseure wirkten hier: Max Ophüls, Renato Mordo und Karl Hans Böhm. Der Breslauer Kritiker Walter Rilla galt in der Heimatstadt als das, was der andere Breslauer Alfred Kerr in Berlin war. Mit seinem Bruder Paul, dem Schauspieler, gründete er eine avantgardistische Zeitschrift. Der Dichter Klabund aus Crossen war eine Zeitlang Dramaturg. Und in einer Loge bei den Premieren saß oft Gerhart Hauptmann.

Zwei Schauspieler unserer Zeit, die allzufrüh gestorben sind, hatten unverwechselbare Eigenschaften ihrer schlesischen Heimat. Der Breslauer Walter Franck, in Berlin berühmt geworden, war am besten in grüblerischen Rollen, als Darsteller gebrochener Charaktere. Man wird nie vergessen, wie beklemmend er Becksetts Krapp mit dem letzten Tonband gesprochen hat, oder den König in Gründgens' Hamlet-Inszenierung von 1956. Sein inneres Glühen und Verbrennen kam aus Hauptmanns Bereichen. Und Joachim Teege, Ende 1969 mit nur 44 Jahren gestorben, ließ noch hinter der Heiterkeit Abgründe spüren. Er war kauzig, barock, skurril – ganz und gar ein Getuppelter. Denen, die über ihn lachten, war oft ein wenig unheimlich zumut.

Der Prospero aus Salzbrunn

Gerhart Hauptmanns Zauberstab dirigierte das Weltreich des Theaters. Wohl kein Dramatiker unseres Jahrhunderts hat eine vergleichbare Fülle der Gestalten geschaffen. Manche davon sind in den Schatten geraten und treten eines Tages unvermutet wieder ins Licht. Einige – und es sind die schlechtesten nicht – bleiben an die heimatliche Sprache gebunden. Vielleicht wird man sie eines Tages überhaupt nicht mehr spielen können. Alltagsmenschen, Märchengestalten, Fabelwesen, historische Figuren, antikische Giganten warten im großen Magazin des Theaters darauf, daß die Zeiten jeweils das ihnen Gemäße hervorholen. Prosperos Zauberstab wird ihnen dann poetisches Leben geben.

Es war etwas Königliches um Gerhart Hauptmann und etwas Komödiantisches. Er spielte auch im Leben souverän eine große Rolle. Die frappante Goethe-Ähnlichkeit seines Hauptes ist von ihm durchaus kultiviert worden. Die Karikaturisten hatten ihr Vergnügen daran. Goethe in Knickerbockern am Strand von Rapallo war ein beliebtes Motiv ihrer spitzen Federn. Der geniale Olaf Gulbransson nützte es am überzeugendsten aus. Sicherlich haben diese Karikaturen dem Dichter in Agnetendorf, wo er in Haus Wiesenstein wahrhaft Hof hielt, geschmeichelt. Wie ihn der Kollege Thomas Mann in seinem ›Zauberberg‹ als Mynheer Peeperkorn porträtierte, verdroß ihn. Er schrieb eine ärgerliche Randbemerkung in sein Exemplar: ›Und diesem idiotischen Schwein soll ich gleichen?‹

Übrigens ging die Symbiose mit dem Vor-Bild Goethe so weit, daß Hauptmann in seinen letzten Jahren auch Goethesche Stoffe aufgriff: nach den Iphigenie-Dramen eine Novelle ›Mignon‹, die die Geschichte der poetischen Mädchengestalt und des Harfners weiterführte.

Die umfassende Biographie Gerhart Hauptmanns ist noch nicht geschrieben. Die verehrenden Freunde waren ihm zu nah. Ich selbst bin als Dramaturg der Breslauer Bühnen eine Woche lang dem Dichter immer wieder begegnet und möchte davon erzählen, weil sie für ihn der letzte Triumph seines Lebens, die letzte Möglichkeit zu großer Repräsentation gewesen ist: Die Gerhart-Hauptmann-Festwoche zu seinem 80. Geburtstag im November 1942.

Das Verhältnis des Dichters zur schlesischen Hauptstadt war oft überschattet gewesen. Die Schulzeit dort war ihm in unangenehmster Erinnerung. In ›Wanda‹ zeichnet er das düstere Bild einer Stadt in ostisch dumpfer Schwere. In ›Michael Kramer‹ und ›College Crampton‹ bildet sie den düsteren Hintergrund. ›Provinzialhauptstadt‹ heißt sie in dem ersten Künstlerdrama. In Breslau hatte sein ›Festspiel in deutschen Reimen‹ ›1813‹ einen eklatanten Mißerfolg. Patriotische Hochgefühle bei der 100. Wiederkehr des Aufrufs ›An mein Volk‹ fühlten sich verletzt, als der Dichter dieses Stück Welthistorie nur als großes Puppentheater sah, die Fürsten und Feldherren als Marionetten, von einem höheren Drahtzieher bewegt. In solchen Dingen verstanden die sogenannten nationalen Kreise‹ keinen Spaß. Der schlesische Provinzialkriegerverein erhob ›im Namen von 163 000 alten Soldaten‹ Einspruch, wiewohl keiner von ihnen ein Kriegsteilnehmer von 1813 sein konnte, und wahrscheinlich keine drei das Stück selbst gesehen oder gelesen hatten. Adel, Professoren und Klerus protestierten entrüstet. Das liebe Wort vom Nestbeschmutzer ging um.

Ein Mann, der soviel freie Weltluft geatmet hatte, fand die Atmosphäre des ohnehin ungeliebten Breslau nun noch stickiger. Die wirkliche Versöhnung kam erst in jenem November 1942, als schon die Stalingradschlacht ihrem Höhepunkt entgegenraste und ein Ende in Blut und Schrecken sich für das ›Großdeutsche Reich‹ abzeichnete. Dem Propagandaministerium schien damals eine Feier für den Mann nicht erwünscht, den man einst im trauten Verein mit sogenannten ›Systemgrößen‹ in den Illustrierten gesehen hatte. Der ›Juden und Judengenossen‹ zu Freunden hatte. Ein ministerieller Geheimerlaß aus Berlin besagte deshalb, daß jede deutsche Bühne nur eine Aufführung des reduziert zu Feiernden veranstalten dürfe, darüber hinaus aber keine Feierstunde irgendwelcher Art. Nur Breslau bekam die Narrenfreiheit, seinen Landsmann mit einer eigenen Festwoche und beliebig vielen Inszenierungen und Feierstunden zu ehren. Danach wurde auch Wien eine Gerhart-Hauptmann-Woche zugebilligt. Das Ganze war eine Augenwischerei gegenüber jenen Staaten, die mit Deutschland im Krieg lagen und die den Dichter aus Agnetendorf trotzdem als einen Repräsentanten des anderen, besseren Deutschland betrachteten. – Und nun geschah etwas Erstaunliches: Die Breslauer Bevölkerung brachte dem beargwöhnten Defaitisten von 1913 in diesen Novembertagen 1942 ein Maß an Liebe, Verehrung und Begeisterung entgegen, welche die Offiziellen von Stadt und Land – Berlin hatte keine Vertreter entsandt – verwunderte und schockierte. Das Schauspielhaus der Städtischen Bühnen, das einige Hauptmannstücke aus dem Repertoire aufzuführen gedachte, darunter auch in einer schönen Inszenierung den selten gespielten ›Bogen des Odysseus‹, fragte den Mann auf dem Wiesenstein, welches Stück er sich als Geburtstagspremiere wünsche. Er entschied sich für ›Die Tochter der Kathedrale‹, ein spätes Märchenspiel aus den Jahren 1935 bis 1938, das, nach einer wenig erfolgreichen Uraufführung, auf der Strecke geblieben war. Vieles mag zusammengekommen sein, daß das Stück an jenem Geburtstagsabend vom 15. November in einer atmosphärisch dichten Inszenierung des Intendanten Hans Schlenck (der genau zwei Jahre später an der Ostfront fiel), das Publikum begeisterte. Ich begleitete Gerhart Hauptmann damals mit in den Zuschauerraum. In einem Empfangszimmer im Erdgeschoß wurde ihm von Frau Margarethe ein weißer Seidenschal übergelegt und mit einem Kamm auf beinahe zeremonielle Weise das Haar in die vertraute Klassikerform gebracht. Als wir den Zuschauerraum betraten, erhob sich das Publikum, und ein Applaussturm brach los. Er wiederholte sich noch einmal am Ende des Spiels.

Die Aufführung in Lothar Baumgartens hellen, heiteren Bühnenbildern war vorzüglich. Das Publikum, kriegsmüde, des Regimes überdrüssig, hörte darin vor allem die Sehnsucht nach einer heilen, heiteren Welt und dem Untergang des aus Shakespeares Bereichen heraufbeschworenen Untiers Caliban. Immer wieder sah ich den Achtzigjährigen, der unmittelbar vor mir saß, bewegt die Hand vor die Augen legen. Im Zuschauerraum war atemlose Stille, als die sterbende Ermelinde ihre letzten Worte sprach:

»... Voll Segen ist
der Raum, das ganze Haus, ringsum die Welt.
Ich selbst bin Segen! Friede! Segen! Friede!«

›Friede!‹ klang es noch nach, als der Vorhang fiel. Auch Breslau hatte seinen Frieden mit dem Dichter und er mit der Stadt gemacht. Immer wieder zeigte er sich mit den vier Hauptdarstellern Renate Densow, Eva Vaitl, Dieter Borsche und Ernst Kuhr vor dem Vorhang. Während der Nachfeier wirkte der große alte Mann heiter und gelöst. Bei schweren Rotweinen, die er auch nach Mitternacht noch trank, sprach er von neuen Plänen. Über Goethe hinaus, tief in die Antike zurück träumten sich seine Wünsche in das rauhe, archaische, dämonische Griechenland.

Diese Woche wurde für die Breslauer das letzte Fest im Krieg, das letzte Fest in seiner deutschen Geschichte. Die Akzente waren glücklich gesetzt. Am Vorabend hatten wir als Geburtstagsüberraschung einen Schauspieler nach Breslau geladen, der die ersten hart umkämpften naturalistischen Dramen des Dichters mit zum Erfolg geführt hatte: Eduard von Winterstein. Im friederizianischen Festsaal des Schlosses las er seltene Lyrik des zu Feiernden. Es war ein bewegender Augenblick, als die beiden Weggefährten im Saal einander in die Arme fielen.

Noch ein zweiter Festakt war von besonderer Würde und Schönheit: als in der prunkvollen Aula Leopoldina der Universität Gerhart Hauptmann die Ehrendoktorwürde verliehen wurde. Beim Brausen der Orgel mochte er an das Wort in seinen Lebenserinnerungen denken: ›...Ich, eben noch der Gotik irgendwie verwandt, fühlte mich schon durch einen Barockbau, wie die Universität, erkältet.‹ Das sagte einer, der die weicheren, melodischeren österreichischen Züge an Breslau liebte. Doch die ungeliebte Stadt der Jugend hatte ihn voreingenommen gemacht. Jetzt hieß es auch hier: »Friede! Segen! Friede!«

Am Ende der Festwoche brachte ich, im Namen des Theaters und seiner Schauspieler, dem Dichter und Frau Margarethe einen Rosenstrauß in den Sonderwagen, der an den Wiener D-Zug angehängt werden sollte. Es war ein trister, grauer Novembertag. Abschiedswetter. Doch der Achtzigjährige war von den langen Tagen und Nächten nicht übermüdet. Er wirkte frisch, lebhaft, mit blühenden Gesichtsfarben. Glück und Dank sprach aus seinen Worten: »Sagen Sie Ihren Kollegen im Theater, von allen Ehrungen dieser Tage hat mich die Aufführung der ›Tochter der Kathedrale‹ am glücklichsten gemacht.« Und er vergaß auch nicht, mir zu sagen: »Kommen Sie mich in Agnetendorf besuchen.« Es ist nicht mehr dazu gekommen. Im Frühling 1946 sah ich in der Zeitung der sowjetischen Besatzungsmacht in Berlin, der ›Täglichen Rundschau‹, ein Bild von Gerhart Hauptmann: ein hohlwangiger, verfallener Greis mit Augen nicht mehr von dieser Welt. Augen, die den Untergang Dresdens und das Ende Schlesiens gesehen hatten. Russische Offiziere waren mit auf dem Foto, die dem ›großen Humanisten‹ Grüße ihres Landes und Volkes übermittelten. Er gab ihrer Zeitung seine ›Mignon‹ zum Erstabdruck. Ein einfacher russischer Soldat, wohl in der Schule mit den sozialen Dramen Hauptmanns bekanntgemacht, küßte dem Greis die Hand.

Am 6. Juni starb der Dichter. Gerhart Pohl hat über seine letzten Tage erschütternd berichtet. Und über seine Frage: »Bin ich noch in meinem Hause?«

Mein letzter Besuch im Schauspielhaus, dem Ort der glanzvollen Feste von 1942, war spukhaft. Am späten Abend des 23. Februar 1945 wurde ich, zusammen mit dem Bauern Schoßland aus der Trebnitzer Gegend, nach einem Tag härtester Straßenkämpfe im Südviertel ins Lazarett gebracht. Der Sani Heinrich Pflanzl, der uns begleitete, konnte uns nicht loswerden. Alle Lazarette im Süden waren im fluchtartigen Aufbruch. Die Südstadt brannte, auch mein eigenes Wohnviertel –, mitten in der Höfchenstraße feuerte ein Geschütz. Zuletzt konnte uns Pflanzl, Kammersänger der Dresdener Oper und vorher ein beliebtes

Mitglied des Breslauer Opernhauses, im Hilfslazarett Schauspielhaus abliefern. Mit unsern letzten Kräften erreichten wir es. In den Kellerräumen standen viele leere, weiß überzogene Betten – wir beiden waren die ersten, die dort eingeliefert wurden. Frauen, früher Putzfrauen des Theaters, brachten uns eingemachte Früchte. Erschöpft schlief ich bald ein und schlief volle 17 Stunden. Am nächsten Abend kamen ein paar Männer an mein Bett, ehemalige Bühnenarbeiter, alte oder invalide Männer. Sie begrüßten mich herzlich, wie einen verlorenen Sohn. Viele Erinnerungen verbanden uns.

»Unsere Hauptmannwoche damals«, sagte einer, »waren das Zeiten!« Sie wußten wohl wie ich, daß wir in diesem Haus nie wieder Theater spielen würden.

5.Kapitel
Die Sechshundertsechzig

Vom Silbenwieger bis zum rasenden Quirinus

Eine Landkarte Schlesiens, die alle Geburtsorte von Dichtern – solchen, die sich als Dichter fühlten, und solchen, die es wirklich gewesen sind – mit roten Punkten bezeichnen würde, sähe aus, als ob sie Scharlach hätte. Gut, daß man den Schreibenden, bis auf die akkreditierten Klassiker, keine Denkmäler setzt. Das Erz hätte nicht mehr für die notwendigeren Potentaten, Heer- und Verführer gelangt.

Sechshundertsechzig billigte der Dichter Liliencron den Schlesiern zu – seit seinen Tagen sind mindestens noch dreihundertdreißig dazugekommen. Ich kann beim besten Willen nicht alle, auch nicht rein listenmäßig nennen. Man muß sie bündeln. Ein paar ins Scheinwerferlicht rücken. Die Ungewöhnlichen, die ganz Besonderen! Auch die Maßlosen! Die, zu denen nicht immer das Wort paßt: ›Die Heimat ist stolz auf ihren großen Sohn.‹ Die verlorenen Söhne. Die verstoßenen Söhne. Nur die zu zeichnen – das ergäbe schon eine ganze Literaturgeschichte.

Was hat eigentlich den Dichter Klabund dazu gebracht, eine ›Deutsche Literatur in einer Stunde‹ zu schreiben? Wahrscheinlich die Tatsache, daß er Schlesier gewesen ist. Er sah die ungeheure Woge auf sich zurollen. Flugs baute er sein Staubecken, ließ die poetischen Wässer hineinrinnen und machte noch flugser die Schleuse wieder zu.

In germanistischen und theaterwissenschaftlichen Seminaren haben wir uns als Studenten lang genug mit den schlesischen Barockpoeten herumgeschlagen und versucht, das Bleibende dieser damals hochgepriesenen, hochgelehrten Dichter herauszufinden... Das war bei Martin Opitz, dem Handwerkersohn aus Bunzlau, die Schaffung der ersten deutschen Oper ›Daphne‹ nach dem Italiener Rinuccini mit der Musik von Schütz. Es ist schwer, diesem sehr gebildeten dichtenden Pedanten und Silbenwieger Opitz, dessen Verdienste um die deutsche Dichtung noch von unseren Oberlehrern überbewertet wurden, einigermaßen gerecht zu werden. Da gab's bei ihm diese grausige

Rubrizierungssucht: Tragödie handelt ›von königlichem Willen, Totschlägen, Verzweiflungen, Kinder-und Vatermorden, Brand, Blutschande, Krieg und Aufruhr, Galgen, Heulen, Seufzen‹, die Komödie von ›Hochzeiten, Gastgeboten, Spiel, Betrug und Schalkheit der Knechte, ruhmredigen Landsknechten, Buhlersachen, Leichtfertigkeit der Jugend, Geiz des Alters, Kupplerei und solchen Sachen, die unter gemeinen Leuten verlaufen‹. Das wurde zu einer Zeit geschrieben, als Shakespeare bereits den schwarzen Humor der Totengräber, sehr ›gemeiner Leute‹, auf die tragische Bühne gebracht hatte. Martin Opitz von Boberfeld leistete genau jener Kästchenmacherei Vorschub, die manche deutschen Literarhistoriker und Kritiker bis in unsere Tage hinein darüber wachen ließ, daß ein Autor ja nicht die einmal von ihm gesetzte Grenze überschritte und – nach frivoler welscher Art – in literarischen Nachbarrevieren wilderte. Das Erheiternde dabei ist, daß der neiderländische Schlesier Opitz die Anfänge einer naturalistisch-volkstümlichen Poesie mit Pech und Schwefel, das heißt mit Bedeutungswaage und Richtmaß bekämpfte – und siehe da, schon bei seinem um 19 Jahre jüngeren Bunzlauer Kollegen Gryphius steckt Eulenspiegel die Nase wieder aus dem Sarg! In schlesischer Mundart schreibt der ›Die geliebte Dornrose‹ und den ›Peter Squentz‹, die derbe Handwerkerkomödie. Das kommt geradewegs von Shakespeare und geht direkt zu Gerhart Hauptmann. Ja, Gryphius schreibt, wenn auch barock überdekoriert, ein Bürgerliches Trauerspiel ›Cardenio und Celinde‹.

Eins ist allen diesen schlesischen Barockpoeten – Opitz, Gryphius, Hofmann von Hofmannswaldau aus Breslau und Daniel Caspar von Lohenstein – gemeinsam: Sie sind vornehme Herren, weitgereist und polyglott. Das schon damals durch seine hohe Bildung und Toleranz ausgezeichnete Holland und die Universität Leiden spielen eine große Rolle für sie. Von Kaisern und Fürsten geehrt, sind sie auch Fürstendiener, dazu weltläufige Diplomaten. Auch als Söhne kleiner Städte wirken sie ganz und gar nicht provinziell. Doch sind sie auch allesamt gebrannte Kinder des Dreißigjährigen Krieges. Sie kennen die Scheußlichkeiten der Soldateska aller Nationen und Konfessionen und kennen das Elend des verarmten, verödeten Landes nach dem endlosen Morden, Schinden und Schänden. Sie bauen dagegen ihre phantastische, prunkvolle Gegenwelt.

Diese Welt ist eine höchst künstliche, manieristische, in Tod, Tränen und Leichenpomp ebenso maßlos wie in Festesprunk und orgiastischer Liebesraserei. Besonders der Dr. juris von Lohenstein und der Kaiserliche Rat Hofmann von Hofmannswaldau überschlagen und überschreien sich in brünstiger Raserei, in einer Überbetonung des entfesselten Sexus. Es zog sie zu den weltlichen und geistlichen Höfen in Breslau und Wien, wo man das wiedergeschenkte Leben in rauschenden, brausenden Festen feierte. Opitz blieb der Nüchternste. Seine Zeit- und Weggenossen dagegen, auch die protestantischen, suchten in Worten den gleichen Überschwang wie die Barockarchitekten in den prunkvollen Kirchen-und Klosterbauten der siegreichen katholischen Gegenreformation. Sie sagen Dinge, die vielleicht nur malbar sind oder in Musik auszudrücken. Ihre Sonette werden zu Prunkopern.

Nur einer, Friedrich Freiherr von Logau, in Dürr-Brockut bei Nimptsch 1604 geboren, Kanzleirat des Herzogs von Liegnitz, bleibt natürlicher. Da gibt es in seinen Sinngedichten Strophen von unverkünstelter Poesie. So schreibt er vom Frühlingsmonat Mai:

Dieser Monat ist ein Kuß, den der Himmel gibt der Erde,
Daß sie jetzt und seine Braut, künftig eine Mutter werde.

Oder den Zweizeiler, den Gottfried Keller zum Motto seiner Novellensammlung ›Das Sinngedicht‹ gemacht hat:

Wie willst du weiße Lilien zu roten Rosen machen?
Küss' eine weiße Galathee; sie wird errötend lachen.

Lessing liebte Logau und edierte ihn.

Drei Jahre nach dem großen Krieg wurde in Breslau ein Mann geboren, der zu den wildesten Barocknaturen gehört und zu den genialsten und entfesseltsten Schlesiern: Quirinus Kuhlmann. In älteren deutschen Literaturgeschichten ist noch nicht einmal sein Name verzeichnet.

Englische und amerikanische Literarhistoriker haben sich mehr mit ihm befaßt als die deutschen. Aus Schlesien ist er früh und für immer ausgebrochen – seine Heimat war die Welt. Das Breslauer Magdalenengymnasium, an dem Gelehrte und Dichter von Rang unterrichteten, wurde zur Pflanzstätte seiner Bildung. Danach studierte er in Jena. Er schockiert das thüringische Provinznest durch dandyhafte Arroganz. Eine schwere Krankheit mit absonderlichen Schutzengelvisionen läßt ihn in religiöse Extreme der Lyrik, in ›Himmlische Liebesküsse‹, verfallen. Er gerät unter den Einfluß des Görlitzer Mystikers Jakob Böhme und schreibt in ›Der neubegeisterte Böhme«: ›Ein B (Breslau) gebar mich – ein B (Böhme) wiedergebar mich.‹ Er verabscheut den Dogmatismus des akademischen Lehrbetriebs und findet in Leiden das, was auch seine schlesischen Dichterkollegen dort fanden: die absolute religiöse Toleranz, die nun sein Lebensziel wird und sein Schicksal bestimmt bis zum bitteren Ende. Er erstrebt das wohl nie Realisierbare: die Einheitsreligion, die Weltreligion. Sein Leben wird ein Kreuzzug für dieses höchste Ideal, die ›fünfte Monarchie‹, das ›tausendjährige Reich‹...

Er heiratet in Lübeck einen weiblichen Schwarmgeist. Er sucht und findet Geld und Anhänger in England. Nun will er den türkischen Sultan erwecken und bekehren, eine ›Kühlmonarchie‹ errichten. Das ›Kühle‹ wird bis zu seinem Tod sein mystisches Siegel sein... In Smyrna erwartet die Pest unsere religiös erweckte Familie. Sie fängt an, die Berufung ihres Oberhauptes anzuzweifeln, hat die Reise satt und kehrt um. In Konstantinopel findet Kuhlmann zwar auch die Pest, aber keinen Sultan. Der hat sich zu seinem Heer geflüchtet. Der 28jährige Quirinus gerät nun in einen sich ständig steigernden Taumel des Reisenmüssens und Bekehrenwollens. Holland, England, Paris, wieder Holland, wieder England. Er verläßt die Lübecker Ehefrau, heiratet eine Junge. Die stirbt mit ihrem ersten Kind. Nun verbindet er sich mit einer holländischen Schwärmerin. ›Kühl-Psalmen‹ schreibt er und ›Kühl-Jubeln‹ – seine Ideale werden immer mehr zu fixen Ideen, die ihn durch die Welt jagen. Seine Sprachgewalt ist glühend, verzehrend. Im ›Kühl-Psalter‹ findet man Bruchstücke seines ekstatischen Lebens. Eine Reise bleibt ohne Wiederkehr. Im orthodoxen zaristischen Rußland gibt es keine holländische Toleranz. Der Breslauer Quirinus Kuhlmann, wohl der größte Sprachschöpfer des Barock, kommt vor ein Ketzergericht. Am 4. Oktober 1689 verbrennt man den, der immer innerlich gebrannt hat, in Moskau auf einem Scheiterhaufen, zusammen mit einem Jakob-Böhme-Anhänger. Im selben Jahr übernimmt Peter, später der Große genannt, als Zar die Regierungsgewalt und öffnet das Fenster zum helleren Westen.

Die Frühvollendeten

Hier starb ein Schlesier, weil Glück und Zeit nicht wollte,
Daß seine Dichterkunst zur Reife kommen sollte.
Mein Pilger, lies geschwind und wandre deine Bahn,
Sonst steckt dich auch sein Staub mit Lieb' und Unglück an.

Johann Christian Günther dichtete sich selbst diese Grabschrift. Er starb 1723 mit kaum 28 Jahren. Dieselbe Inschrift hätte man auf das Grab von Georg Heym schreiben können, der, mit nur 24 Jahren, im Januar 1912, beim Schlittschuhlaufen auf dem Haveleis, zusammen

mit seinem Freund Balcke, ertrank. Heym wie Günther sind viele Züge ihres Schicksals gemeinsam. Beide rannten immer wieder gegen unsichtbare Mauern, waren Monomanen des Todes. Und sie gehören zu den größten Dichtern Deutschlands, von ihrem Volk, sogar von den Menschen ihrer Heimat, viel zu wenig gekannt.

Mein Münchner Universitätslehrer, der Theaterwissenschaftler Artur Kutscher, hatte seine besten Stunden in literarhistorischen Vorlesungen, wenn er die großen Aufrührer gegen bürgerliche und literarische Konventionen behandelte. Seine Stimme bekam dann etwas prophetisch Raunendes. »Günther, Lenz, Büchner, Grabbe, Wedekind, Heym und Trakl« – das war sein rühmenswertes Siebengestirn. Später rechnete er auch seinen ehemaligen Schüler Brecht dazu. Was war das Besondere an diesem Günther, dessen Gedichte unser Kronzeuge Goethe rühmte? Daß er wie ein reinigendes Gewitter in die schwüle, aufgestaute Luft der Barockdichtung und ihrer Epigonen fuhr. Daß er sich selbst die Brust aufriß und sein Blut verströmen ließ. Goethe hatte Vorbehalte: »Er wußte sich nicht zu zähmen«, sagte er tadelnd, »und so zerrann ihm sein Leben und sein Dichten.« Der gezähmte Klassiker erinnerte sich nicht mehr daran, daß er selbst einmal in wilden Studenten- und Liebesjahren dem Tode nahegewesen war. Günther blieb keine Zeit, sich und seine Verse zu klären, aufzusteigen in die Türmerwelt schauender Betrachtung.

Als Arztsohn war er 1695 in Striegau geboren worden. Die verwunschene Welt des väterlichen Gartens war sein Knabenparadies, das später der Breslauer Adolph von Menzel gezeichnet hat. Er besuchte die Schule in Schweidnitz, studierte in Wittenberg und Jena. Es trieb ihn im kleinen heimatlichen Kreise um wie Quirinus Kuhlmann in der weiten Welt. Sein Vater, ein Mann von eiskalter Selbstgerechtigkeit, verstößt ihn. Graf Schaffgotsch, der ihn zum Erzieher seiner Söhne machen will, wirft ihn wegen Trunksucht hinaus. Seine leidenschaftlich geliebte Leonore verläßt ihn. Schon mit 20 schreibt er aufgewühlte Verse der Todesahnung:

Das Grab, mein Ruhekissen,
Begräbt die Sklaverei,
Da nun der Strick zerrissen,
So wird der Vogel frei.

Er sehnt sich nach Heimkehr in sein geliebtes Schlesien: ›Kehrt, güldne Zeiten, kehrt zurücke...‹ Doch es gab keine Rückkehr in den Garten der Kindheit. Breslau und Kreuzburg sehen ihn noch einmal in ihren Mauern. In Jena will er sein Medizinstudium fortsetzen, da ihn das Dichten dem Hunger ausliefern würde. Aber es ist zu spät. Der Hunger bringt ihn doch zur Strecke.

Die Geister sind verraucht,
die Nerven leer und trocken,
die Luft will in der Brust,
das Blut in Adern stocken.

Am 15. März 1723 stirbt er, laut Begräbnisbuch als ›Student der Theologie‹. Schlesier, die in Jena leben, bezahlen sein Begräbnis. Der Dichter August Scholtis hat das in einer bewegenden und anklagenden Studie über den Dichter niedergeschrieben. Ahnte er, daß auch für ihn dereinst Freunde das Begräbnis bezahlen müßten, damit er im Jahr des Reichtums 1969 nicht im Armengrab verscharrt würde?

Ganz anders steht Georg Heym auf dieser Erde. Breitbeinig, breitschultrig, unmäßig in Liebe und Suff, ein Sexualprotz. »Casanova war gegen mich ein Stümper.« »Halb Corpsstudent und halb Prometheus«, nennt ihn Walter Jens, »halb Rabauke und halb Spießer.« Einer, der in sich die ›Eignung zum Terroristen und zum Kürassierleutnant‹ spürte. Zorn, Verzweiflung, Auflehnung gab es auch in der Jugend der Zeit vor dem Ersten Weltkrieg. Alle ihre Gärung staute sich in Heym wie in einem überhitzten Kessel, der zur Explosion drängt. »Unsere Krankheit ist, in dem Ende eines Welttages zu leben, in einem Abend, der so stickig wird, daß man den Dunst seiner Fäulnis kaum noch ertragen kann.« Wie Blasen aus fauligen Sümpfen, unheimlich schillernd, steigen manche seiner Verse auf. Der Vater in Hirschberg, ein kaltherziger Militäranwalt, ist ein Gegenstück zu Günthers Vater. Die Mutter lebt in einer romantischen ›Gartenlauben‹-Welt. Der Sohn liebt sie, aber sie ist zu schwach, um sich für ihn einzusetzen. Um ihn zu verstehen... So bleibt er auf sich gestellt. Versieht einen Gedichtband mit der Widmung ›Georg Heym seinem lieben Georg Heym‹. Er haßt sein Studienfach, ›die Narren-Scheiß-Juristerei‹. Sein Freund und Biograph Erwin Loewenson heißt ihn ›eine Raufnatur, ein wüstes Stück Shakespeare, taumelnd vor Impetuosität, von seinem eigenen spontanen Strahlenmüssen wie durch Himmel und Erde geschmettert‹. ›Väterchen‹ Rowohlt, gewiß kein zimperlicher Mann und selbst ein Stück deftiger Natur, sagte von ihm: »Den Gedichten nach erwartete ich einen Ästheten, es war aber ein Metzgergeselle, und er brüllte seine Verse mit solcher Stimme, daß meine kleine Redaktionsstube wahrhaftig zu zittern begann.« Diese Verse können ebenso oft einen seraphischen wie einen satanischen Glanz haben. Ein früher Expressionismus nie gesehener Farben und nie gehörter Klänge erhellt unheimliche Nächte:

Am Mauertor, in Krüppeleitelkeit
Bläht sich ein Zwerg in rotem Seidenrocke.
Er schaut hinauf zur grünen Himmelsglocke,
Wo lautlos zieh'n die Meteore weit.

Die ganze Welt wird für ihn vom Tode bewegt und getrieben. Er wünscht sich einen Bühnenerfolg. »Und denn, wenn det janze Publikum Beifall rast, komm' ick vor'n Vorhang und schieß' mir 'ne Kugel in' Kopf!« – »Warum denn das?«, fragt man ihn. »Det is der schönste Tod. Oder auf 'ner Barrikade... Wenn nur alles im Rausch ist.« Sein todestrunkener Rausch ersehnt den erlösenden Krieg. Er hat von ihm Schreckensvisionen, die wenige Jahre nach seinem Tode Wirklichkeit werden. Sein Gedicht ›Der Krieg‹ aus dem Jahr 1911 beginnt so:

Aufgestanden ist er, welcher lange schlief,
Aufgestanden unten aus Gewölben tief.
In der Dämmerung steht er, groß und unerkannt,
Und den Mond zerdrückt er in der schwarzen Hand.

Später heißt es:

Eine große Stadt versank in gelbem Rauch,
Warf sich lautlos in des Abgrunds Bauch.
Aber riesig über glühnden Trümmern steht
Der in wilde Himmel dreimal seine Fackel dreht.

Das brennende Breslau? Das brennende Berlin? Flüchtlingsvisionen kommen: ›Am Kreuzweg hocken sie zuhauf und irren, den Heimatlosen gleich, in schwarzer Welt.‹ Dem ›Riesensteinmeer‹ Berlin hat Heym Gedichte von impressionistischer Schönheit gewidmet. Die Heimat Schlesien glänzt auf, ›das weite Land des Sommers und der Winde‹. Selbst den Eistod scheint er vorausgeahnt zu haben:

Nun steh ich hier, in Wintertod gestellt,
Die Augen schmerzlich an den Schnee gebunden,
Und alles fällt und sinkt, was in mir war.

Das Eis erdröhnt. Im Kampfe starrt die Welt,
Ich aber bleibe: einer aus der Schar,
Die nie verliert, was sie einmal gefunden.

Als man ihn und seinen Freund Balcke ertrunken fand, schrieb die BZ am nächsten Tag: ›Zwei Juristen beim Schlittschuhlaufen ertrunken.‹ Ebensowenig Erschütterung wie beim Tode Kleists, dessen Grab so nahe dem Unglücksort lag. Deutschland erkennt seine Dichter spät. Es entdeckt Hölderlin während des Ersten Weltkriegs. Heute, in der unruhigen Zeit einer rebellierenden Jugend, scheint die Stunde für Heym gekommen. Noch ist viel Geklingel in deutschen Lesebüchern. Der Schrei eines Dichters, dessen ganzes Sein Protest ist, wäre dieser Jugend gemäßer. Die Auferstehung Georg Heyms ist überfällig. Und kennt Berlin den Sänger seiner Spreezillen, seiner Vorortbahnhöfe, seiner Laubenfeste?

Schon hängen die Lampions wie bunte Trauben
An langen Schnüren über kleinen Beeten,
Den grünen Zäunen und von den Staketen
Der hohen Bohnen leuchtend in die Lauben.

So beginnt ein Berlin-Sonett. »Mehr«, sagt der kleine Häwwelmann. Kauft's! Christoph Meckel hat eine vorzügliche kleine Auswahl der Dichtungen Heyms herausgebracht.

Am 23. November 1944 stand ich in Mittelschreiberhau vor einem behäbigen ländlichen Haus und las auf einer Tafel: ›Hier lebte, arbeitete und starb der Dichter und Denker Carl Hauptmann. Sein Bruder Gerhart schrieb hier seine bekanntesten dramatischen Dichtungen: Die Weber – Elga – Hanneles Himmelfahrt – Fuhrmann Henschel – Kollege Crampton – Biberpelz.‹ Die Inschrift war das Zeugnis für eine glückliche gemeinsame Schaffenszeit zweier Dichter – und für ihren späteren Bruderzwist. Müßig, zu fragen, wer von den beiden der größere gewesen ist, genauso müßig wie im Fall der Dichterbrüder Thomas und Heinrich Mann. Eins ist gewiß: Gerhart Hauptmann war eine Art Dichterfürst von weltweiter Wirkung, Carl, der Ältere, in einem nicht abschätzigen Sinn, der Provinziellere. Der lyrisch zweifellos echter, naturnäher ist, wohl auch der tiefere Denker. Einer, der von den Quellen der schlesischen Mystik getrunken hat. Ein Erleuchteter.

Frau Maria, die zweite Frau Carl Hauptmanns, hatte mich an jenem Nachmittag eingeladen. Es war ein sonderbares Spätherbstwetter. In der Nacht hatte Rübezahl noch seine große Sturmorgel gespielt, hatte mit den Holzschindeln an Haus und Fensterläden lärmenden Schabernack getrieben – jetzt war plötzlich der Schnee von den Wegen weggetaut, und die meisten Berge hatten sich ihre grauen Tarnkappen übergezogen. Nur die Wälder um die Schneegruben standen schwarzblau in einem föhnigen Licht.

»Carl hat solches Wetter geliebt«, sagte Frau Maria, als sie mich im Haus empfing, »diese Mischung von Klarheit und Geheimnis. Es hat wohl seinem Wesen entsprochen.« Ein langes Verweilen in seinem Archiv gab den überwältigenden Eindruck von einem immensen Schaffen. Da waren ungehobene Schätze, Berge von Manuskripten, von Ungedrucktem, in einer sehr zügigen, doch ungemein schwer zu lesenden Schrift. Frau Maria Hauptmann sagte, das sei nun ihre große Lebensaufgabe: dies alles zu sichten und zu edieren. Wir konnten damals nicht ahnen, daß ihre Arbeit schon in wenigen Monaten ein Ende finden sollte und daß das sorgsam gehütete Archiv aus seiner vertrauten Umwelt ins Unbekannte verschwinden würde. Es ist aus Breslau glücklich zurückgekehrt nach Ostberlin im gleichen Jahr 1969, in dem das riesige Gerhart-Hauptmann-Archiv (mit allein 19.381 Nummern seiner Briefsammlung) nach Westberlin verkauft wurde, wo es in der werdenden neuen Staatsbibliothek Scharouns seinen Platz finden soll. Die getrennten Archive in der geteilten Stadt – der Bruderzwist von Carl und Gerhart scheint sogar darin seinen Ausdruck zu finden.

Den mystischen Urgrund der Dinge zu suchen auf immer neuen, anderen Wegen, sah Carl Hauptmann als seine poetische Mission an. »Weißt du«, sagte er eines Tages zu Frau Maria, »ich muß mich selber jeden Morgen überraschen.« Meister Eckehart, die Bibel und immer wieder Jakob Böhme – das wurden die Quellen seines Schaffens.

Am Ende seiner dichterischen Entwicklung stand bei ihm ein leidenschaftlich ekstatischer Expressionismus. Seine ›Tantaliden‹, vier Monate vor der Revolution 1918 fertiggeworden, sahen den Sturz des Kaiserreichs voraus. Seherische, prophetische Züge kennzeichnen seine letzten Lebensjahre. Doch auch schon im frühen Tagebuch schrieb er: ›Mir gehen seltsame, ganz fremde Melodien durch den Sinn, die ich vor mich hin psalmodiere. Wie Motive aus slawischem Volksgesang. Totengesänge voll Schwermut.‹ Sah er das Ende der Heimat weit voraus?

Von dem 1864 in Habelschwerdt geborenen Hermann Stehr, der manches von der grüblerischen Schwere und der Breite großer russischer Epik hat, weiß die heutige Jugend kaum noch etwas. Hugo von Hofmannsthal erlebte ihn ›voll Ehrfurcht‹, und Gerhart Hauptmann meinte einmal, für Stehr habe es keine Renaissance gegeben – seine mystische Wesensschau wurzle in der Spätgotik. Im Roman ›Der Heiligenhof‹ hat Stehr die Frage nach dem Sinn des Daseins gestellt. Im ›Peter Brindeisener‹ nahm er den religiösen Existentialismus vorweg. Ob wohl etwas von dem Seherischen, dem prophetischen Ahnen der Menschen aus den Riesengebirgstälern, heute noch in ihrer neuen, nüchterneren Heimat lebendig geblieben ist? Ich erinnere mich einer alten Frau im Gebirge, in deren Familie wir unsere Ferien verbrachten. Wir sahen sie in der Küche sitzen, die Bibel auf den Knien und mit einer langen Nadel in die Buchseiten stechen. Sie las ungeheure Schrekken aus den angestochenen apokalyptischen Stellen heraus. Alles ist eingetroffen, was die sibyllinische Mutter Aust damals weissagte.

Der literarische Waldgänger wird in Schlesien bald ermüden. Zu viele Gesichter, zu viele Gesichte. Man muß wohl einen Düsenpegasus besteigen, um sie zu durchrasen.

Gegrüßt sei zuerst der Fährtensucher Klabund, der eilige Literaturbewältiger. Als Apothekerssohn Alfred Henschke aus Crossen kam er eines Tages mit einem Päckchen Gedichte zu Artur Kutscher. Der las eine außerordentliche Begabung heraus. Ermutigte zum Weitermachen. Aus Henschke wurde Klabund, eine Namensklitterung aus Klabautermann und Vagabund:

Mein Name Klabund,
Das heißt Wandlung,
Mein Vater hieß Schemen,
Meine Mutter Schau.

Ekstatisch expressionistischer Aufbruch 1931 mit dem Gedichtband ›Morgenrot, Klabund! Die Tage dämmern!‹ Dann das rasende Produzieren eines, der nicht viel Zeit hat, des Lungenkranken. 47 Bücher, große historische Romane darunter. Und die Bänkellieder. Villon das Vorbild – Brecht, der Kutscherschüler, sein Weggefährte. ›Die Harfenjule‹ ließ ich als zerlesenes Bändchen in Breslau zurück – wir Kutscherschüler liebten den kabarettistischen Wedekindschen ›Elf-Scharfrichter‹-Ton. 1925 wird das Drama ›Der Kreidekreis‹ mit seinem exotischpoetischen Reiz zum Welterfolg. Wird zur Glanzrolle von Klabunds zweiter Frau, Carola Neher, einer Schauspielerin von zarter Anmut, deren Weg sich in der Sowjetunion im Dunkel verlor. Frühes Dunkel erwartete auch den Dichter aus Crossen.

Denk an dein Werk,
du hast nicht Zeit, Klabund.

In der letzten Lebensperiode ein mystischer Weg durch die schlesischen Gebirge, ›um Rübezahl zu begegnen‹. Schon ist das Ende nahe. Es kommt 1928 in Davos. Der kabarettistische Ton ist dem getuppelten Schlesier gemäß, die aggressive Denkspielerei der Hofnarren einer feist

gewordenen Wohlstandsgesellschaft. Die lacht zu ihrer eigenen Verhöhnung. Werner Finck aus Görlitz, Jahrgang 1902, ein Apothekerssohn wie Klabund, hat mit seinen ›Finckenschlägen‹ schon manchen groggy geschlagen. Mit seinen zerknautschten Sätzen und halben Andeutungen brachte er die Nazidiktatur, ›hart wie Kruppstahl‹, aus der Fasson und Fassung. Der Bunzlauer Dieter Hildebrandt – ein Kutscherschüler auch er – führt die scharfe Klinge eines geschliffenen, pointierten intellektuellen Witzes in der Münchner ›Lach- und Schießgesellschaft‹. Die Intelligenz seiner Zeitkritik, die Prägnanz seiner Satire ist der eines anderen schlesischen Kabarettisten, von Wolfgang Neuss aus Breslau, sehr verwandt. Als meinem ›Wunderkinder‹-Moritatensänger bleibe ich Neuss besonders verbunden. Beide hält man um ihrer fixen Schlagfertigkeit willen oft genug für Berliner. Aspiranten auf literarhistorische Doktorarbeiten sei deshalb nahegelegt, den gepriesenen Berliner Witz auch auf schlesische Elemente abzuklopfen.

Sogar die Idee des literarischen Kabaretts wird einem Schlesier zugeschrieben: Otto Julius Bierbaum, dem Dichter aus Grünberg, mit seinem Roman ›Stilpe‹. In seinem kurzen Leben hatte er eine panische Freude an der Welt und entwickelte sich zu pantagruelischer Leibesfülle. Er lebte in Berlin und München, heiratete die bezaubernde Florentinerin Gemma und starb – ein tragikomischer Zufall – in Kötzschenbroda. Sein Schlüsselroman ›Prinz Kuckuck‹ wurde ein Welterfolg. Thomas Mann sagte von Bierbaum: »Es könnte sein, daß manch sangbares Lied seines Mundes noch lebt, wenn vieles, was uns heute gewichtiger dünkt, vergessen ist.« Richard Strauß vertonte seine Gedichte ›Traum durch die Dämmerung‹ und freundliche Vision‹, der ›Scharfrichter Hannes Ruch‹, ›Ach, mein Schatz ist durchgegangen, laridah‹. Es wurde in Wedekindscher Schwabinger Umwelt *das* Kabarettlied seiner Zeit. Die Toskana nannte der Schlesier seine Seelenheimat.

Lebensgenießerisch heiter und tiefer noch im Süden die Erfüllung findend: das war August Kopisch aus Breslau, ein eleganter, gebildeter Jüngling des Jahrgangs 1799. Ein Gedicht und ein Naturwunder überlebten ihn. Die braven ›Heinzelmännchen von Köln‹ und die blaue Grotte bei Capri. Als er 1829 nach Breslau zurückkehrte, suchte er einen Abglanz des Südens in die Heimatstadt zu bringen. Er arrangierte Künstlerfeste und dichtete manches, was seiner Zeit voraus war: Experimentelles und Absurdes. Ja, er schuf so etwas wie eine Vorahnung des Breitwandfilms; Dioramen, zu deutsch ›Durchscheinbilder‹, die er mit Theaterarchitekten und Bühnenmalern herstellte und durch Lichteffekte, Spiegeldrehungen und wechselnde Staffagen leben ließ. Breslau sah sozusagen vor 130 Jahren die ersten Kulturfilme von Süditalien und Sizilien. Es war eine Sensation. Ein königlicher Auftrag, über die Schlösser und Gärten von Potsdam zu schreiben, führte ihn nach Berlin. Der aristokratisch wirkende Dichterprofessor lebte im romantischen Drachenhäuschen im Sanssouci-Park und starb, als eben sein großes Gartenwerk abgeschlossen war. Nahe den beiden Schlesiern Schleiermacher und Adolph von Menzel liegt er auf dem Dreifaltigkeitsfriedhof in Berlin-Neukölln begraben.

Nun werden die literarischen Wälder lichter. Wir grüßen in ihnen Menschen, die uns noch nahe waren.

Paul Keller, 1873 in Arnsdorf geboren, wurde wegen seiner Herzenswärme und seines Volkstons geliebt. Man schmähte seinen schlechten Stil. Alte Schlesier lesen noch immer Erzählungen dieses dichtenden Schulmeisters, der zuletzt als reicher Mann ein fürstliches Leben führte und eine Gemeinde um sich sammelte: die Bergstadt, als deren Bürgermeister und Lebensberater er figurierte.

Jochen Klepper, als Pfarrerssohn im Neiderland 1903 geboren, brachte das preußisch-evangelische Element in die Dichtung Schlesiens. Mit ›Der Kahn der fröhlichen Leute‹ schrieb er einen Oderroman voll kräftiger Daseinslust. Die Ehe mit einer Jüdin, die zwei Töchter mitbrachte, bestimmte sein künftiges Schicksal, gewoben aus Verfolgung und Widerstand... Am 3. Oktober 1933 schreibt er in sein Tagebuch: ›Ich habe einmal den Moment genau gespürt, in dem ich ein Schlesier wurde. Jetzt werde ich ein Preuße.‹ Er lebt in Berlin und schreibt hier seinen großartigen Roman über den Soldatenkönig Friedrich Wilhelm I., ›Der Vater‹. Er nimmt das Wort des oft verkannten Königs als Motto: ›Könige müssen mehr leiden als andere Menschen.‹ Klepper mußte mehr leiden als andere Schriftsteller. Er fühlte sich in Deutschland im Exil. Als ihm in Nikolassee die Entscheidung aufgedrängt wird: ›Abtransport ins Lager oder Freitod‹, fährt er noch einmal mit den Seinen zum Abschiednehmen ins Riesengebirge. Er schreibt ins Tagebuch: ›Wir sind noch einmal so nach Schlesien heimgekehrt – mit allen heimatlichen Gefühlen.‹ Ein letztes Gespräch mit dem Verfolger Eichmann nimmt alle Hoffnungen. Mit seiner Frau und der jüngeren Tochter geht Jochen Klepper am 11. Dezember 1942 in den Tod.

Wie der Ardennerwald bei Shakespeare wurden damals die schlesischen Wälder oft letzte Orte der Freiheit und Geborgenheit. Gerhart Pohl machte sein Haus in Wolfshau zur ›Fluchtburg‹ – so der Titel seines Romans –, von der er nachts Verfolgte über die Gebirge in die Sicherheit jenseits der Grenze rettete. In Wolfshau lebte auch im freiwilligen Exil der Dichter Friedrich Bischoff, der einmal das Wort geschrieben hat: ›Schlesisch sein, das heißt wohl soviel als im Grenzenlosen daheim zu sein wie im irdischen Tag.‹ Sein Verdienst war es gewesen, in den zwanziger Jahren mit hervorragenden Mitarbeitern die ›Schlesische Funkstunde‹ zum literarischen Rundfunksender Deutschlands gemacht zu haben. Er verschaffte zum erstenmal dem Hörspiel Bedeutung und Ansehen.

Wiewohl tief im Schlesischen wurzelnd, wurde Dichtung welthaltig und weltgültig auch bei Horst Lange. Von ihm stammt das selbstbewußte Wort: »Ich bin der Meinung, daß jedes Werk, das ein Künstler erzeugt, heute wie immer, mit dazu beiträgt, die Existenz der Wahrhaftigkeit in dieser von Irrtümern erfüllten Welt zu verteidigen und aufrechtzuerhalten.« Der 1904 in Liegnitz Geborene schrieb 1937 ›Schwarze Weide‹ und 1939 ›Ulanenpatrouille‹ – Romane, die noch immer zum Besten zeitgenössischer deutscher Epik gehören.

Ein Gotteskind von unbeugsamem Charakter, Joseph Wittig, wurde aus der liebenswürdigen Figur eines jungen Geistlichen zu einem tapferen Streiter, der schon 1922 für die katholische Kirche Reformen erstrebte, die erst unter Papst Johannes XXIII. und in den Konzilen Wirklichkeit wurden. Damals brachten sie Wittig die Exkommunikation ein. Mit Martin Buber und Viktor von Weizsäcker gab er von 1926 an die Zeitschrift ›Die Kreatur‹ heraus. Er heiratete, schrieb seine volkstümlichen Geschichten und las sie vor allem in evangelischen Kreisen vor. Erst 1946 kam für ihn die Aufhebung der Exkommunikation. Der lautere schlesische Rebell starb 1949 in Westfalen. Er hatte den Herrgott gesucht ›In Palästina, Schlesien und anderswo‹, wie einer seiner Buchtitel hieß.

Wo die literarischen Wälder vom Licht der Gegenwart erhellt werden, begegnet uns Ruth Hoffmann, eine Volksschriftstellerin, herzenswarm und fabulierfreudig, von schlesischem und jüdischem Schicksal gleich bewegt. Ilse Langner, eine urbane, welterfahrene Dichterin, malte immer wieder die von ihr bereiste Welt bildkräftig und erlebnisträchtig. Die Breslauerin Traud Gravenhorst verherrlichte das musische Preußen und das preußische Schlesien in großen Figuren. Die junge Dagmar Nick – auch sie eine Breslauerin – hat in ihren Gedichten strenge Formen mit Feuer und Leidenschaft erfüllt. Schlesische Unruhe trieb sie nach Israel und Rhodos – sie schrieb darüber lyrisch überhöhte Reiseberichte.

Dagmar Nick gehört zu der beachtlichen Zahl von Autoren, die nach dem Krieg und ihrer Vertreibung den Ruhm des dichtenden Schlesien erneuerten. Reminiszenzen an die Heimat sind nur noch vereinzelt da, und es ist müßig, herausanalysieren zu wollen, ob und welche schlesischen Züge diese Autoren noch aufweisen. Zu leicht führen solche Untersuchungen zu provinzieller Verengung. Freuen wir uns der magisch durchglühten Gedichte und der neuen Klangfarben in der Lyrik des Breslauers Ernst Günther Bleisch. Die surrealen Romane des in Hirschberg geborenen Arztes Ernst Augustin ›Der Kopf‹ und ›Das Badhaus‹ begeben sich in einer spukhaften Welt der Lautlosigkeit und sich bedrängender Bilder, einander verschlingender und abstoßender Realitäten und des Irrealen. Doch siehe, da sitzt noch einer auf einer Wiese inmitten der literarischen Wälder und pflückt das rare Blümlein des Humors: Der alte Kurt Heynicke aus Liegnitz. Er war ein Dichter des

›Sturm‹, der expressionistischen Kunstfiguren, ein hochgerühmter Kleistpreisträger. Als er später herzensweise heitere Bücher und Stükke zu schreiben begann, nahm ihn die sittenstrenge hohe Kritik freilich nicht mehr so ernst. Um so herzlicher sei er als letzter gegrüßt.

Und Eichendorff, Scholtis, Piontek? Gemach, das weite Oberschlesien hat inmitten der Gruben- und Zechenwelt seine eigenen literarischen Wälder.

Die Schifferin und die Kuhmagd

Laß uns wandern, laß uns schiffen
Nach dem Thuleland geschwind – –.

Halt, meine Damen, stehenbleiben! Die beiden Schlesierinnen haben freventlich die literarischen Wälder verlassen, und die um 114 Jahre Jüngere hat gerade ihr munteres Wanderliedchen angestimmt. Lassen wir's sie zu Ende singen.

Und so oft ich jetzt auch schiffe,
Doch ich nimmer wiederfand
Meinen Weg durch Sturm und Riffe
Nach dem fernen Thuleland.

Der Kundige ahnt sogleich, wer die muntere Schifferin ist, die längs der Küste ›stolz erhobne Zwerge stehen‹ sieht: Der schlesische Schwan, Friederike Kempner, geboren 1836 und auf einem Rittergut bei Breslau aufgewachsen. Mit der anderen Dichterin verbindet sie etwas, was nicht einmal eine zuverlässige männliche Eigenschaft ist: Zivilcourage. Frauenstolz vor Königsthronen...

Anna Luise Karsch ist diese andere, 1722 bei Schwiebus geboren. Nicht als Rittergutsfräulein, sondern als Kuhmagd wächst sie auf in einer strohgedeckten Hütte. Die preußische Sappho nannte man sie. Kein Buch über Schlesien darf diese beiden – aus mancherlei Gründen – außerordentlichen Figuren vergessen. Die Karschin, wie man sie später hieß, ist häßlich wie die Nacht. Von dem kleinbürgerlichen und kleinkarierten Tuchmacher Hirsekorn läßt sie sich früh wieder scheiden.

Sie wird die erste geschiedene Frau in Schlesien – auch ein mutiger Rekord.

Anna Luise hat andere Götter als die Hirsekorne. Sie, die sich mit Bücherwissen vollgesogen hat – die träge weidenden Kühe geben ihr hinlänglich Muße dafür –, vergöttert den Alten Fritz. Heiraten kann sie freilich nur Herrn Karsch, einen versoffenen Schneidermeister in Fraustadt. Er bewährt sich nicht besser als Hirsekorn. Sie stößt ihn auf eine elegante Weise ab: sie steckt ihn einfach unter die Soldaten. Vielleicht kann er sich so für den vergötterten Preußenkönig ein bißchen nützlich machen. Die Karschin tut das, indem sie – eine Mutter Courage auf dem Pegasus – Fridericus Rex in glühend hymnischen Versen besingt. Manchmal während der schlesischen Kriege treibt sie sich unerschrokken am Rand der Schlachtfelder herum, um ihrem Kriegsgott nahe zu sein. Gegen Honorar besingt sie allerdings mit ihrer flinken Feder auch unheroische Personen, ihre Geburten, Hochzeiten und Todesfälle. Einer der Besungenen, ein Baron von Kottwitz, ist über ihr Naturtalent begeistert und bringt die Anna Luise geradewegs in die ästhetisch-literarischen Zirkel von Berlin. Da gerät die häßliche Kuhmagd in die Gesellschaft von Moses Mendelssohn und Lessing und des dünnblütigen, feingeistigen Herrn Gleim, der seinerseits munter die Kriegsliederleier für Fridericus dreht. Die anakreontischen Poeten in den

Berliner Salons sind von diesem derben Stück schlesischer Urkraft hingerissen und erreichen es durch beharrliche Zähmung, daß sie allmählich weniger natürlich wird. Auch den alten Frauenfeind von Sanssouci darf die Madame Karsch besuchen. Sogar ihn beeindruckt sie. Aber als sie ihn später aus materieller Not anschnorrt, erweist er sich nicht als Augustus und Mäzen. In einem mit dem Staatssiegel dekorierten Brief schickt er ihr zwei ganze ›preußische Taler‹. Die schickt sie stolz und postwendend zurück. Erst der gutmütige Friedrich Wilhelm II. löst das Versprechen seines Oheims ein und baut ihr ein Haus. In ihm verliert sie allen poetischen Jugendglanz und ihre derbe Ursprünglichkeit und strickt wacker Reim um Reim nach dem alten Muster zwei rechts – zwei links. Ihr Schriftstellereibetrieb wird später von ihrer Tochter Karoline Luise von Klencke und der Enkelin Helmina von Chézy weiter betrieben. Deren Buchtitel ›Herzenstöne auf Pilgerwegen‹ scheint unmittelbar zum schlesischen Schwan Friederike Kempner hinzuführen.

Denn die Kempner war die unübertroffene Meisterin der schiefen Bilder und der falschen Vergleiche. ›Das Genie der unfreiwilligen Komik‹, nennt sie ihr Herausgeber Herrmann Mostar.

Wer einmal den Rausch der Verse unserer Thuleschifferin genossen hat, wird davon süchtig. Er muß sie immer wieder und immer mehr davon lesen. Das erkannten schon die Zeitgenossen. Nur die eigene Familie, Eltern, Schwester, Nichten, Neffen schämten sich abgrundtief und kauften Riekchens Auflagen immer wieder hinterlistig auf. Doch die Dichterkollegen im Vaterland ermutigten sie heimtückisch zu immer neuen, immer kühneren Produktionen. Ihre Verse kursierten in Abschriften, wurden bei Antiquaren teuer gekauft. Zuletzt konnte die Familie nicht mehr mithalten und alle einander immer rascher folgenden Auflagen aufkaufen, wollte sie sich und ihr Rittergut nicht an den Rand des Ruins bringen. Und so bastelte der Schwan weiter seine Verse. Rutschte dauernd vom Sattel seines Pegasus, gebar Stilblüte um Stilblüte. Die Kempner erwehrte sich mannhaft ihrer Feinde:

»Feige Memme, geh zur Ruh«,
Ruft dir selbst die Erde zu,
»Anonymer Bube, du!«

Mit Denkschriften wandte sich das alte schlesische Mädchen an Kaiser Wilhelm I. Aus Angst vor dem Lebendigbegrabenwerden forderte sie die Einrichtung von Leichenhäusern, die Beerdigung erst am fünften Tag nach dem Tod und den Herzstich bei Verstorbenen. Ihre Zähigkeit hat viele von diesen Forderungen durchgesetzt. Sie hat auch erreicht, daß die Einzelhaft auf Lebenszeit abgeschafft wurde. Sie ging nicht auf die Schlachtfelder wie die Karschin, sondern krabbelte mutig, mit hochgezogenem Rock, auf die Barrikaden des sozialen Fortschritts.

Gesetz über die Pensionierung der Arbeiter

Das Echo schallt es weit:
Es tagt Gerechtigkeit,
Es lauschet Menschlichkeit!
Kommt eine bessere Zeit?

Ob Noth und Elend flieht
Aus mächtigstem Gebiet?
Bestimmt! Denn's war ein Zollernwort,
Und Kaiser Friedrich freut sich (dort!)

Recht hat der tote Kaiser, daß er sich ›dort‹ freut. Ist ja doch ein patentes Riekchen, dem man seine Verse auf Johannes Kepler getrost aufs Grab legen darf:

Du sahest herrliche Gesichte
In finstrer Nacht,
Ein ganzes Blatt der Weltgeschichte
Du hast es vollgemacht.

Nur einer reagierte bierernst und gekränkt, als man das vollgemachte Blatt der Weltgeschichte auch ihm in die Schuhe schieben wollte: Der Breslauer und Berliner Alfred Kerr, der in seinen genial manierierten Kritiken so manchen armen Dramatiker fertiggemacht hatte. Der junge Bert Brecht wollte ihm im ›Berliner Tageblatt‹ beweisen, daß seine sprachlichen Clownerien ein Familienerbe von der Tante Friederike

Kempner seien. Denn auch Kerr hieß eigentlich Kempner. Kerr antwortete:

Nächtlich über das Gebeinfeld
Hört man manchmal I-aaa schrei'n.
Wenn dem Esel sonst nichts einfällt,
Fällt ihm meine Tante ein.

Er schrie erbost: »Sie iist meine Tante niiicht! Sie iist meine Tante niiicht!« Zwischen Kerr und Brecht kam es zu einer gesunden Dauerfeindschaft. Aber vielleicht wäre die auch ohne die falsche Tante zustandegekommen, denn der andere große Berliner Theaterkritiker – Herbert Jhering – hatte Brecht bereits in seinen Anfängen zu seinem literarischen Protektionskind gemacht. Und wen Jhering förderte, den tadelte Kerr. Die tote schlesische Nachtigall (so nannte sie sich selbst) wird Mitleid mit ihm gehabt haben. Ihr schwante, daß sie mit uns Nachgeborenen überhaupt Mitleid haben müßte:

Sperrt euch ein in große Städte,
Athmet ein die dicke Luft –
Was ein and'rer ausgeathmet,
Nein, das ist kein süßer Duft.

Womit sie unsern ganzen Zivilisationsärger prophetisch vorausgesehen hat...

6. Kapitel
Das geistige Klima

Schlesische Schicksalsschläge

Für das Wachstum literarischer Wälder ist das geistige Klima eines Landes bestimmend. Und das wiederum hat vielleicht auch ein wenig mit dem metereologischen Klima zu tun. Schlesien hatte sehr ausgesprochene Jahreszeiten. Ich erinnere mich einiger Sommer dort, die von Sonnenglut erfüllt waren, trocken, mit dem Knistern reifender Kornfelder, mit kühlem Waldesdunkel, mit Beerenduft und Natternrascheln auf heißen Himbeerschlägen. Immer fand ich es ein bißchen erregend, wie nahe einander die Gebirgsquellen waren, die ihre Wasser über die Ostsee in den großen Atlantik entsandten oder über die Donau ins Schwarze Meer. Und die Winter waren kontinental kalt, mit aufgetürmten Schneewällen noch in der Stadt Breslau. Auch die Kälte trocken, rein zu atmen. Wenig war zu spüren von den atlantischen Regenwinden, die in meiner vorhergehenden Heimat, im Oldenburgischen, der Volksmeinung nach an 360 Tagen des Jahres wehten.

Und doch ist die dunkle Mystik das weithin bestimmende Element im Leben und Dichten der Schlesier, werden Skeptiker fragen. Und doch... Vielleicht kann auch ein inneres Licht sehr stark und rein leuchten. Ohne Nebeldumpfheit sein. Wir werden sehen. Die Renaissance und das Frühbarock sind in Schlesien Glückszeiten gewesen. Auch die kulturellen Ströme gingen damals im Wechselfluß in den Donauraum, ins Mittelmeerische und in atlantische Bezirke. Prag, Wien, weiterhin Budapest, ja auch Krakau und Warschau gaben und nahmen. Aber es wurde auch die Geistesbrücke geschlagen zu den Universitäten von Padua und Bologna und ins klassische Land der Toleranz, nach Holland. Erstaunlich, wie eng die Verbindungen gerade zu den Niederlanden und seiner weltgültigen Universität Leiden gewesen sind.

Philipp Melanchthon sagte von Schlesien: »In keinem Teil Deutschlands beschäftigen sich so viele Männer aus dem Volke mit den Wissenschaften.« Ich salutiere dem gelehrten Herrn... Und die schlesischen Wissenschaftler wiederum waren ihrer Zeit oft so weit voraus, daß erst die Gegenwart ihre reformerischen Ideen einzulösen und ihre Voraussagen wahr zu machen beginnt. Man redet heute viel von einer künftigen Schülermitverwaltung. Diese Zukunft hat in Schlesien schon kurz nach 1500 begonnen. Valentin Trotzendorf, geboren 1490 in Troitschendorf bei Görlitz, ein getreuer humanistischer Schüler des Melanchthon, war ein moderner Schulreformer, sogar noch im heutigen Sinn. In seiner Lateinschule in Goldberg gab es eine Selbstverwaltung der Schüler und einen Schülermagistrat. Alle Gymnasiasten hatten Ämter, damals nach römischem Vorbild mit lateinischen Titeln. Dieses neue, sehr soziale Schulsystem, das sich der Bauernsohn Trotzendorf schon beim Kühehüten ausgedacht haben soll – wie die Karschin ihre Gedichte –, zog Schüler selbst aus Ungarn und Polen und Böhmen an. Der berühmteste hieß Albrecht von Wallenstein. Als die Schule in Goldberg abbrannte, setzte der Praeceptor Silesiae seine Tätigkeit in Liegnitz fort.

Ehrenfried Walter von Tschirnhaus, 1651 auf dem Gut Kieslingswalde geboren, wurde von Herder ein ›Polyhistor von Leibnizschem Zuschnitt‹ genannt. Auch er, der Freund Spinozas, schaute voraus. Unserer Meinung nach bis ins nächste Jahrtausend. Er sah ›goldene Jahrhunderte‹, in denen die Menschheit, frei von Unwissenheit und Vorurteilen, ganz aus dem Geist der Physik wiedergeboren wird. Er führte Mathematik und Physik als Schullehrfächer ein und arbeitete ebenfalls an einer Schulreform. Er rief dazu auf, sich von Vorurteilen und der Last der Autoritäten freizumachen. Wie heutig das klingt! Er starb mit den optimistischen Worten »Triumph! Victoria!«

Der tapfere Christian Wolff, 1679 in Breslau geboren, erleuchtet sein Jahrhundert und das ganze Europa. Auch er war Physiker und Philosoph, Gegner eines dumpfen, stumpfen Pietismus. Friedrich der Große übersetzte seine Schriften ins Französische und berief ihn nach Halle zurück, von dessen Lehrstuhl ihn Friedrich Wilhelm I. als angeblichen Religionsverächter vertrieben hatte. Er stellt Forderungen, die ungemein modern anmuten: Keine Autoritäten anerkennen, wenn die Vernunft es nicht zuläßt! Es darf keinen blinden Gehorsam geben – auch heute noch für Kommißköpfe in allen Lebensbereichen ein ketzerisches Verlangen. Und er fordert weiterhin kommentierte Volksausgaben aller Gesetze, um dadurch die Grundlagen für eine wahre Demokratie zu schaffen. Zudem war Wolff ein Philosoph, der ein klares, verständliches Deutsch nicht nur verlangt, sondern selber schreibt – auch das ein Mirakel, das heute noch nicht alle Philosophen auszeichnet.

Bartholomäus Scultetus, 1568 geboren, gehört zu den berühmtesten Vertretern der Mathematik und Sphärik. Er steht mit Tycho Brahe, dem großen dänischen Astronomen, im Briefwechsel und wird in Görlitz, wo er zum Bürgermeister aufsteigt, von Johannes Kepler besucht. Der einzige Makel: sein heller Geist widersetzte sich aller Metaphysik. Mit dem Rat seiner Stadt verbot er 1613 dem Jakob Böhme das Niederschreiben seiner Gedanken. Die beiden großen schlesischen Geistesströmungen prallen hier unversöhnlich aufeinander.

Aus Breslau kommt Christian Garve (1742 bis 1798), von Goethe, Schiller und Kant hochgeschätzt, einer der ersten deutschen Essayisten – mit einem Stil von luzider Prägnanz. Er wehrte sich gegen die Originalgenies von Sturm und Drang und konnte in seinem volksbildnerischen Bemühen manchmal etwas Spießiges, Pedantisches haben. Die Schriftstellerei, das Sezieren und Analysieren der menschlichen Seele, erschien ihm als Aufgabe an der Gemeinschaft, als soziale Verpflichtung. ›Garvestraße‹ – die Breslauer unseres Jahrhunderts kannten ihn nur noch als Straßenbahnhaltestelle.

Mit Garve sind wir schon mitten im preußischen Schlesien. Das Preußentum brachte zweifellos zunächst eine geistige Verengung ins Land. Der lebendige Austausch mit den kulturellen Zentren des Habsburgerreichs war abgerissen. Einer der großen Schulreformer des 18. Jahrhunderts, J. I. von Felbinger, wird von Friedrich II. beurlaubt und von Maria Theresia als Oberdirektor für das österreichische Normalschulwesen nach Preßburg berufen. Die österreichische Volksschule war der preußischen damals weit überlegen. In der preußischen wurden Drill und Disziplin überbewertet. Oft war sie die Vorschule des Kasernenhofs. Oder auch die Nachschule; denn entlassene Feldwebel zogen mit dem Exerzierstock in die Schulen ein, in denen früher die Küster und Kirchendiener unterrichtet hatten. Sie nannten sich ›Schulmeister‹ und wurden Schulwebel. Pädagogen waren sie nicht. Pestalozzi stand noch draußen vor der Tür.

Die Reformer und Neuerer kamen im preußischen Schlesien aus anderen Bereichen als denen der Schule. In der Baukunst waren die Triumphfanfaren des Barock verklungen. Einer der größten Vertreter des klaren, nüchterneren ›preußischen Stils‹ wurde Carl Gotthard Langhans, 1732 in Landeshut geboren. Er baute für den Grafen Hatzfeld-Trachenberg das noble Breslauer Stadtpalais in der Albrechtstraße, das später Sitz des Oberpräsidenten wurde. Er baute Kirchen und Theater, das klassizistische Denkmal des Tauentziengrabs, das später etwas fremd im Verkehrsgewühl zwischen Banken und Warenhäusern stand. ›Tauentzienplatz‹ hörte ich einen Straßenbahnschaffner hier oft rufen...

Als Zimmermann begann einer der Initiatoren der modernen Technik, der Breslauer August Borsig. Schon 1854 hatte er in den Borsigwerken in Berlin-Moabit die 500. Lokomotive gebaut. Sein Sohn machte die Werke zu den größten der Welt. Wie so viele Schlesier hatte er das Gefühl der Verpflichtung für den nachbarlichen Menschen. Er schuf moderne Betriebsordnungen, Werkskantinen, betriebseigene Krankenversicherungen – und das waren Mitte des vorigen Jahrhunderts erstaunliche Leistungen. Borsig junior baute Kohle ab in Biskupitz, wie schon der Vater, und errichtete in Oberschlesien Walzwerke. Die Verbindungen Schlesien-Berlin fingen damals an so eng zu werden, daß das Wort aufkam, jeder zweite Berliner stamme aus Schlesien.

Als in die junge Reichshauptstadt Berlin immer mehr Menschen aus den Ostprovinzen zuströmten, wurde das Wort noch ein bißchen zugespitzt. Jetzt hieß es, der echte Berliner sei in Breslau geboren. Provinzhauptstadt und Reichshauptstadt rückten dicht zusammen.

Eines schlesischen Reformers sei noch gedacht, der, in frühen Jahren in die preußische Politik eingestiegen, mehrere deutsche Regime überlebte und der es für einen Ehrentitel ansah, ein (ach, das heute so geschmähte Wort) ›Liberaler‹ zu sein. Eugen Schiffer, der Breslauer – ich habe ihn als Schüler noch oft in der Weimarer Nationalversammlung sprechen hören. In der Weimarer Republik, die er leidenschaftlich bejahte, wurde er Reichsfinanzminister und Reichsjustizminister. Er war ein Mann von hoher Klugheit, von Charme und Humor. Noch mit über 90 Lebensjahren hoffte er auf die Schaffung einer von ihm entwickelten Justizreform – auf deren Vollendung wir am Beginn der 70er Jahre noch immer hoffen. 1954 starb der 1860 Geborene in der Berliner Mommsenstraße.

Es hat Schlesier gegeben, die im allerengsten Kreise zu wirken begannen und deren Namen eines Tages einen weltweiten Klang bekamen. Da wird ein 17jähriger Bauernbursch bei Gräfenberg im Jahre

1816 durch einen Pferdehufschlag am Kopf verletzt. Der schwerbeladene Wagen fährt ihm über den Leib und bricht ihm die Rippen. Nach guter alter ländlicher ›Do-it-yourself‹-Methode richtet er die Rippen wieder ein, indem er den Brustkorb gegen eine Stuhlkante preßt. Ein Jahr lang bedient er sich des billigsten natürlichen Heilmittels der Welt, des Wassers. Bis zu seiner Genesung macht er nasse Umschläge. Der Prießnitz-Umschlag ist geboren. Der Bauernjunge Vinzenz Prießnitz wird ein Heilkundiger von internationalem Ruf. Aus aller Welt kommen Leidende zu dem Wundertäter. Man beruft ihn nach Wien ans Krankenbett eines Erzherzogs. Neidische Ärzte verfolgen und verklagen ihn als Kurpfuscher. Sie können es nicht verhindern, daß Gräfenberg, wo man mit Umschlägen, Packungen und Schwitzkuren nach der Methode Prießnitz heilt, das mondänste Modebad seiner Zeit wird. Der Fürstbischof von Breslau sucht hier Genesung – der Kurgast Chopin konzertiert. Der Sprottauer Heinrich Laube schwitzt den muffigen Zeitgeist aus und klärt seinen Kopf für die liberalen Ideen des jungen Deutschland und die Theaterreformen, die er hernach als Burgtheaterdirektor in Wien durch eine moderne Spielplangestaltung zu verwirklichen sucht.

Gesegnet sei das Roß, das aus einem dicken schlesischen Bauernschädel die Funken des Genies schlug! Es war ein ›Schicksalsschlag‹ im besten Sinn des Wortes.

Schuster und Prophet dazu

Soviel klare Geisteshelle, soviel Aufklärung – machten sie allein das Wesen des Schlesiers aus, wie könnte er ›getuppelt‹ sein. Es gäbe keine Fürstenträume mehr für die betrunkenen Jaus. Die schlesischen Flüsse strömen klar und heilkräftig zu Tal, doch in den Quellwäldern rumort's. Die chthonischen Mächte sind am Werk, in Attika wie im Riesengebirge. Keine Kopisch-Heinzelmännchen und Liedertafelzwerge. Doch sind Rübezahl und Dionysos verwandt. Und was nennt der spürsinnige Österreicher Hermann Bahr ›das Hausproblem aller Schlesier‹? »Am eigenen Puls den Schlag aller Schöpfung zu fühlen...« Jakob Böhme, der Erzvater der Tiefenschauer und Quellenhorcher, war ›e kleen numpern Männdel‹, ein Bauernjunge lutherischen Glaubens, der 1599 nach Görlitz kam und sich dort eine ›Schuhbank‹ kaufte. (In meiner Kindheit kannte man nur noch ›Fleischbänke‹.) Häßlich, schwächlich, mit niedriger Stirn und blinzelnden Augen, die dennoch das Göttliche sahen. Im Licht der Schusterkugel. Einmal sieht er das Sonnenlicht sich in einem dunklen Zinngerät spiegeln, und das Licht göttlicher Erkenntnis ergreift ihn. Licht, das des Schattens bedarf, so wie das Gute das Böse braucht, um evident zu werden. In allem Seienden erkennt der philosophische Schuster eine Doppelnatur, und Gott, sich selbst befruchtend, hat nicht nur die Welt, sondern auch sich erschaffen. Gott ist in allem. Mit Jakob Böhme erhebt der Pantheismus kühn sein Haupt. Für die Buchstabengläubigen ist er Ketzerei. Die Pastoren fangen an, gegen den Schuster, der nicht bei seinem Leisten bleibt, zornige Predigten zu halten. Den Geistestrunkenen nennen sie Säufer. Der kleine Mann in gedrückten Lebensumständen aber wird immer mutiger: »Das ängstliche Suchen reißet das Reich Gottes in sich«, bekennt er. Er sieht nicht nur mehr als normale Menschen – er beginnt auch mehr zu hören: »Gottes Hall«, verkündet er, »ist in allem«, die Weltorgelstimme. »... und ist alles nur Hundegebell gegen den göttlichen Schall und Musika, die durch den göttlichen Schall aufgehet von Ewigkeit zu Ewigkeit.«

Durch Schlesien wandernd, geht Jakob Böhme dieser Musik nach, nun zum fahrenden Garnhändler geworden. Die Schriften des Paracelsus begleiten ihn. Er erkennt seine Mission: überall in den von ihm bereisten Gebieten den göttlichen Schall aufzuwecken. Er wird ein cherubinischer Wandersmann. Böhmische Vorfahren soll der Seidenberger Bauernsohn gehabt haben wie wohl alle Böhmes. Von ihnen mag das Musikalische in seinem Wesen und in seinen Bildern gekommen sein. Angelus Silesius hatte bestimmt slawisches Blut, und auch Carl Hauptmann, der ganz von Böhme ergriffen wurde, hat es bei sich vermutet. So stammt wohl überall der große irrationale Zug im schlesischen Menschen vom slawischen Erbteil, so wie der Oberschlesier Eichendorff seine Liederseligkeit auf den polnischen Urgroßvater zurückführte. Für Hermann Bahr war noch der einfache Schlesier ›ein im Engen geborgener Karamasow‹.

Einfach war der bescheidene Jakob Böhme nicht. Immer mächtiger rauscht mit großem Flügelschlag seine Sprache auf. »Als ich am Berge lag gen Mitternacht und alle Bäume über mich fielen und alle Sturmwinde über mich gingen...« Er entreißt der Welt einen Zipfel ihres göttlichen Geheimnisses. Sein Geist dringt in die leeren Räume des atomaren Zeitalters vor: »Was ist viel hunderttausend Meilen über dem Gestirn, oder was ist an dem Ort, da kein Geschöpf ist? Es ist die ewig unwandelbare Einheit...« Er erschüttert seine prunkend reiche Stadt Görlitz bis in ihre Grundfesten. Er zieht den Heuchlern auf den Kanzeln die Maske vom Gesicht. Seine letzten Worte waren so gottes- wie selbstgewiß: »Nun fahre ich hin ins Paradies.« Dem gotterfüllten, aber höchst unbequemen Kritiker sollte das christliche Begräbnis verweigert werden. Schließlich wird es von einem minderen Geistlichen auf einem Görlitzer Friedhof lustlos abgetan. Böhmes Ahnenreihe ging über Angelus Silesius bis auf Daniel Czepko zurück, ›Staatsrat und nebstbei Dichter in Schweidnitz. ›Böhmisch‹ dichtete er:

In allem ist ein Geist, der wirkt ohn Unterlaß,
Von ihm kriegt Erd und Stern Gewichte, Zahl und Maß.

Groß war Böhmes nachwirkender Einfluß auf England und die Quäker, deren Gründer George Fox auch ein Schuster gewesen ist. Sein Geist wirkte weiter in Carl Hauptmann, in Wilhelm von Scholz, im Neuroder Dichterschauspieler Friedrich Kayßler und selbst noch in der verquasten Wandervogelmystik von Hans Blüher aus Freiburg in Schlesien. Segen und Unheil gingen gleicherweise daraus hervor.

Jakob Böhmes Gottesmusik ist nahe auch den mystischen Lehren des ihm vorangegangenen liegnitzischen Rates Caspar Schwenckfeld, der sich in sektiererischen Bezirken bis ins Wiedertäuferische verirrte. Seine lyrisch-schwärmerische Lehre hat sonderbare und nicht unerfreuliche Folgen. Sie bringt den dogmatisch dürr werdenden Protestantismus wieder in die Nähe eines sinnenfreudigeren Katholizismus.

Das Böhmische wie das Schwenckfeldische erwecken allenthalben auch die Propheten im Lande Schlesien. Wer Gott zu schauen meint, sieht oft Weltende und Untergang. Er sticht in die Bibel wie unsere gute Mutter Aust um 1940 im Riesengebirge. 1617 begann in einer Grotte nahe Glausnitz der Prophet Rischer, der sich Hans Rischmann nannte, seine Weissagungen. Er prophezeite einen Einsturz des Hirschberger Rathausturms, der 1739 dann tatsächlich erfolgte. Auch andere wüste Untergangsprophezeiungen des ›Gebürgspropheten‹ sind abermals ein Jahrhundert später eingetroffen. Der Sprottauer Weißgerber Kotter irrte in apokalyptischen Visionen durch die Heide. Um 1870 trat eine weise Frau, die Schul-Hermine, in Schlesien auf. Sie sagte – die Wirklichkeit hat's bestätigt! – bald käme eine Zeit, da die Wagen ohne Pferde liefen. Und dann sei's nicht mehr weit bis zum Untergang... Dann sollte wohl auch jene Prophezeiung eintreten, es führe eine Postkutsche über Land, und der Postillon deute mit seiner Peitsche auf einen öden Platz: Da stand Breslau einst.

Sonderbar, wie solche Prophezeiungen in meiner größtenteils aus Schlesiern bestehenden Luftwaffengruppe während der Belagerung Breslaus umgingen. In saugenden, schmatzenden Tauwetternächten im Vorfeld der Stadt, an den Flüßchen Lohe und Weide, an denen wir eingesetzt waren, wurden sie in flüsternden Gesprächen offenbar. »Wenn amal die Oder sein wird wie's rote Blutt «, und in den Brandnächten von Ostern 1945 sahen wir sie wirklich so. ›Die Heilige Hedwig‹ tauchte am Himmel auf, der den russischen Nachtquälern, den fliegenden ›Nähmaschinen‹, gehörte. Damals wurde das Wort wahr: »In Schlesien sind auch die Gottlosen fromm.«

In einem skurrilen kleinen Erlebnis wurde mir das einmal deutlich. Wir hatten 1945 im Fliegerhorst Schöngarten einen biederen schlesischen Unteroffizier, der uns zwar aus Zeitmangel nicht mehr das Schießen beibringen konnte, aber eine sogenannte ›Belehrung‹ gab, die sich auf den guten Ton in allen soldatischen Lebenslagen bezog. Da war auch ein aufsässiger junger Bursche, der im neuen Unheil das Heil sah und dreist Gott zu leugnen anfing. Unserm Unteroffizier schwollen die Zornesadern, und er sprach das bedeutende Wort: »Das mißte ja ganz a tummer Hund sein, der da nich an Gott glaubte!« Der Gottesleugner verstummte.

Fern, fern ließ der bekennerische Schuster Jakob Böhme, das ›numpern Männdel‹, grüßen.

7. Kapitel
Menschen- und Gottesheimat der Künste

Wand'rer von der Heimat weit

Man soll nicht alles, was Ausdruck der Zeitgesinnung ist, einem Volk oder einem Stamm gutschreiben. Schlesien ist nicht allein das Land der Mystik gewesen, ebensowenig wie sich hier allein der neue Aufbruch der Künste im ersten Drittel unseres Jahrhunderts vollzogen hat. Viele große Maler des Expressionismus waren Sachsen. Doch darf man wohl, ohne in kunsthistorische ›Nadlerei‹ zu verfallen, diesen eruptiven Ausbruch der Innerlichkeit, diese Explosionen der Farben bei Sachsen und Schlesiern, die manche Nachbarvölker als ›teutonisch‹ oder ›barbarisch‹ mißverstanden, auf ein gemeinsames slawisches Erbe zurückführen. Auch hat das jüdische Element viel von der glühenden Bildkraft des Ostens mitgebracht. Ein bedeutender französischer Literarhistoriker nannte in einer geistvollen Berliner Rede im Jahre 1969 drei Quellen für das weltstädtische Berlinertum: das Märkische, das Französische der hugenottischen Refugiés und das Jüdische. Er hätte auch noch die zuwandernden Menschen des Ostens nennen können mit ihrem slawischen Erbgut an Farbe, Phantasie und Weltweite. Auch mit ihren religiösen und mystischen Zügen.

Das Breslau in den Jahren von Null bis 33 unseres Jahrhunderts war eine faszinierende Stadt. Es gab eine Blütezeit des Theaters und des Konzertwesens, der Literatur, der Architektur und der schönen Künste. Damals fand sogar eine Wanderung aus westlichen Bezirken und aus Berlin nach dem Osten statt. Wie später Breslauer oft Wahlberliner geworden sind, wurden damals Berliner zu überzeugten Breslauern. Hans Poelzig, der Sohn einer Gräfin Poelzig und eines Kantors Liese, wurde 1869 in Berlin geboren. Von 1903 bis 1916 hat er in Breslau die ›Akademie für Kunst und Kunstgewerbe‹ geleitet, die nach den Notverordnungen von 1932 geschlossen wurde. Poelzig hat ihr den Nachruf geschrieben. ›Breslau‹, heißt es darin am Schluß, ›war – trotz seines schweren Kulturbodens – die Stadt in Deutschland, in der in allen Zweigen der Kunst sehr oft die ersten silbernen Sporen errungen wurden und in der der geistig Regsame auch auf die Dauer zu seinem Recht kommen konnte.‹ Poelzigs Funkhaus in der Berliner Masurenallee kann noch immer als das schönste von Deutschland gelten, kein ungefüger Betonklotz, sondern ein Klinkerbau, dynamisch bewegt und von einer gewissen Eleganz. So hat mich auch immer die riesige Tropfsteingrotte des Großen Schauspielhauses nahe dem Berliner Friedrichstraßenbahnhof wie ein expressives orientalisches Märchen angemutet, als die kostbare Schale des süßen Kerns einer Bühnenaufführung. Die Wohnung in der Breslauer Hohenzollernstraße, in der ich mit meiner Familie wohnte, war 1908 von Poelzig erbaut worden. Die Proportionen ihrer großen Räume machten glücklich. Man fühlte sich darin leicht, frei und heiter. Sie war – man muß hier das etwas abgewetzte Wort verwenden – im schönsten Sinne human. Es gibt Worte von Poelzig, die genau für unsere Zeit geschrieben zu sein scheinen: »Die durchschittlich jämmerliche Architektur der Deutschen ist das Resultat der seelischen Zerrissenheit eines Volkes, das fast alle Triebe auf den materiellen Erwerb einstellt...« 1970? Nein, 1923.

Als einmal ein Schüler Unklarheiten in einem Plan damit entschuldigen wollte, es handle sich dabei nur um die Hinterfront des Gebäudes, fuhr Poelzig ihn an: »Wir bauen für den lieben Gott, und der sieht alles.« Auch sein Wort: »Kinder, ihr könnt machen, was ihr wollt – nur Musike muß es sein«, zeigte Poelzig auf der Höhe seines Wahlschlesiertums. Die Wahlbreslauer Rading und Scharoun erstellten in seiner Gesinnung die berühmte Breslauer Werkbundsiedlung WUVA im Jahre 1929, und der kluge, vergeistigte Schlesier Theo Effenberger wurde zu einem leidenschaftlichen Vorkämpfer und Verwirklicher von modernen Wohnsiedlungen. Daß er 1927 in der von ihm erstellten Siedlung Breslau-Pöpelwitz zum erstenmal ein Fernheizwerk und Waschanlagen für die Hausfrauen baute, galt als soziale Tat. Der Poelzig-Schüler Heinrich Lauterbach, 1893 in Breslau geboren, hat seinen Ruf dadurch erhalten, daß er funktionell baute, ›von innen nach außen‹ nach der Forderung des Amerikaners Frank Lloyd Wright, der ein Jahrgangsgenosse Poelzigs gewesen ist. Bei solchen Architekten ist dann auch eine Kirche weder ein stilklitternder Steinbaukasten noch eine zweckentfremdete Turnhalle oder ein Seelengasometer. Eine Kirche ist eine Kirche, eine Jugendherberge eine Herberge für junge Menschen und ein Wohnhaus – es ist fast nicht zu glauben – ein Haus zum

Wohnen und Leben. Und überall wohnt als Unter- oder Obermieter auch der liebe schlesische Gott mit drin, der eigentlich vorhatte, aus dem Menschen Menschen zu machen. Und es ist ›Musike‹ drin. Ein Haus in Berlin wurde mir für ein glückliches Jahrzehnt das wiedergeborene oder erhalten gebliebene Schlesien. Es waren die Wohnung und das Atelier des oberschlesischen Künstlerpaares Ludwig Peter Kowalski und Paquita Kowalski-Tannert. Der ›Ko‹, wie seine Freunde ihn nannten, pflegte jene weiträumige und weitherzige Gastfreundschaft, die von allen guten Geistern des Ostens gesegnet und von allen guten westlichen Kellergeistern gefördert wurde. Hier ist wirklich auf gut schlesisch von Gott und der Welt gesprochen worden. Die Welt wurde mit der Farbe und der Mittagshelle südlicher Städte und Landschaften gesehen und mit allen nächtlichen Geheimnissen östlicher Seelen geschaut. Ritte über russische Weiten mit der Begleitmelodie klappernder Elchschaufeln, geheimnisvolle Mensch-Tier-Freundschaften – wenn der Ko davon zu erzählen begann, stand die Zeit still. Und wenn man sich nach Mitternacht erhob, hieß es: »Ach, Kinder, bleibt doch noch a bissel...« Dann wurde von den Künstlerfesten in der Akademie, den Atelierfesten bei Otto Mueller gesprochen, bei denen der Hausherr panisch, faunisch hüpfte und tanzte und wo auch Ludwig Peter seine Frau Paquita schwang, die etwas vom exotisch aparten Reiz ihrer Geburtsheimat Manila besaß und eine der besten Buchgestalterinnen Deutschlands geworden ist. Nachdem sein großes Werk im Osten zerstört worden war, hat das geistliche und weltliche Berlin nach dem Krieg eine Fülle öffentlicher Aufträge an den Maler Kowalski vergeben. Er wurde ein bedeutender Glaskünstler, dessen Bilder in vielen Berliner Kirchen die religiöse Glut von Chartres ausstrahlen. Die Phantasiewelt des Theaters glänzt im geschliffenen Glas der mächtigen Foyer-Fensterwand des Berliner Schillertheaters auf, und von expressiver Ausdruckskraft ist die in kühnen Szenen übereinander geschachtelte Kreuzwegwand der Fresken von St. Ansgar im Hansaviertel. Eine Zauberwelt von magisch durchglühten Landschaften, byzantinisch strengen Frauengesichtern und keusch anmutigen Mädchenakten entsteht in den Aquarellen Kowalskis. Er war in Eichendorffschem Sinne ›ein Wand'rer von der Heimat weit – wenn rings die Gründe schweigen‹. Ein großer schlesischer Malerpoet, auch in seiner Religiosität dem Landsmann Eichendorff verwandt. Und wie Eichendorff konnte er von der Welt polnischer Vorfahren und ihrer geheimnisvollen Anziehung sprechen.

Ein Zigeuner aus dem Riesengebirge

1874 wurde er in Liebau im Riesengebirge geboren. Lange hieß es, er sei ein Zigeunerkind gewesen, und eine Tante Gerhart und Carl Hauptmanns habe ihn aufgenommen und erzogen. Seine schmalen, schrägen Augen, sein blauschwarz in die Stirn hängendes Haar, sein gelblicher Teint könnten das glaubhaft machen. Und natürlich seine Begeisterung für das fahrende Volk der Zigeuner und für die alten Ägypter. Doch will das alles nicht zusammenstimmen mit dem rechtlichen Steuerbeamten und vormaligen Offizier Mueller, der das Kind Otto auf dem Standesamt zu Liebau als seinen Sohn anmeldete. Aber Muellers Frau war das uneheliche Kind einer tschechischen Magd von nicht ganz geklärter Herkunft. So mag etwas unstet Böhmisches sein Aussehen und seine künstlerische Art bestimmt haben. Den ›Zigeunermueller‹ wird man ihn trotzdem weiterhin um seines großen Hauptthemas willen nennen.

Die Dichterbrüder Hauptmann haben Otto Mueller als legitimen Verwandten anerkannt. Gerhart nahm den um 12 Jahre Jüngeren, damals 22jährigen, auf Reisen in die Schweiz und nach Italien mit. Carl Hauptmann hat Züge vom Wesen des Vetters in seinen schönsten Roman ›Einhart der Lächler‹ aufgenommen. Er läßt ihn sagen: »Ich war einer, der aus der grau in grauen Welt Helligkeit auffing. Licht, Sonne, weil ich einmal als Kind die Sonne gesehen in blonde Mädchenhaare fallen und sie beglänzen. Seitdem liebe ich das Fest der Mühsal, den Glanz der irdischen Dinge.«

Wenn ein Schlesier getuppelt war, so ist es Otto Mueller gewesen. Er konnte lyrisch sein wie die zarten Bilder seiner ephebenhaften Knaben und knospenden Mädchenkörper, die er in Schilf und Buschgrün des Breslauer Oderstrands sah und ebenso zigeunerisch umstilisierte, wie er selbst sich immer mehr zum Zigeuner verwandelte, mit rhapsodisch stürmischen Ausbrüchen. Dann aber konnte er wiederum auch ganz realistisch sein und erdnah. Er machte wenig Wesens aus seinen Bildern, wenn er sie herzeigte, und sagte: »Wissense, das Malen is schwer. Ich mach vielleicht im Monat zwee Bilder, aber heechstens alle zwee Jahre een guttes.« Oder er meinte über die Verklärung, die ihm Vetter Carl in seinem Roman zuteil werden ließ: »Och, der Coarle – der weeß ja gar nischt von mir.« Doch soll er ein andermal gesagt haben: »Der Coarle is a Kerle.« Dieser genialische Maler muß eine beispiellose Faszination ausgeübt haben. Wir hatten Abende bei den Kowalskis, an denen Otto Mueller zum lebendigen Gesprächsmittelpunkt wurde.

Wer in den Strahlkreis dieser einzigartigen Erscheinung geriet, die heute in der internationalen Kunstbetrachtung zu den Größten des deutschen Expressionismus gerechnet wird, blieb von seinem Zauberbann umfangen. Wie Mueller selbst sich immer mehr in den Zigeuner verwandelte, so hat einer seiner bedeutendsten Schüler, der Breslauer Alexander Camaro, starke Züge von Habitus und Wesen des Lehrers angenommen.

Es muß wohl eine Lebenserfüllung gewesen sein, als Otto Mueller nach dem Ersten Weltkrieg – er war inzwischen ein völlig undogmatischer Akademieprofessor in Breslau geworden – endlich in die Länder seiner Zigeunersehnsüchte reisen konnte. Zweimal Dalmatien, dreimal Ungarn, auch Rumänien und Bulgarien. Er erreichte es, einige Wochen lang in einem Zigeunerlager im ungarischen Szolnok zu leben. 1927 erschien seine berühmte Zigeunermappe. Als es dem Leidenden sehr schlecht ging, brachten Freunde die Mappe heraus. Sie fand kein öffentliches Interesse und wurde fast nur im Freundeskreis für 100 Mark abgesetzt. Heute werden dafür fünfstellige Beträge gezahlt.

Der Freund von Licht, Wasser und Sonne liebte, wie van Gogh, die Sonnenblume, die Blume der großen Weite im ungarischen Alföld. Als er mit 56 starb, bahrte man ihn vor einer leuchtend gelben Wand von Sonnenblumen auf. Der Maler Johannes Molzahn, ihm innerlich sehr nahe, sagte in seinen Abschiedsworten: »Wir grüßen dich mit jeder Sonne, die für uns noch aufgehen mag.«

Der Reichtum der Erscheinungen in der bildenden Kunst Schlesiens ist in jenen Tagen groß gewesen. Als das Bauhaus dahinzusiechen begann, kamen einige seiner Meister, wie Kanoldt, Oskar Schlemmer und Muche nach Breslau. Man fing an, die Breslauer Akademie als ›das kleine Bauhaus‹ zu bezeichnen. Oskar Moll, in Brieg in Schlesien geboren, setzte in seiner Kunst die große europäische Tradition fort. Ein

Grandseigneur von zarter Sensibilität, lebte er eine zeitlang in Paris im Kreis des ›Café du Dome‹. In seiner Breslauer Wohnung hingen Bilder von Matisse, aber auch Gemälde von Braque, Léger und Seurat. Die graue Stadt an der Oder empfing damals weltstädtischen Glanz. Jüdische Mäzene, z. B. das Arztehepaar Neißer, kauften Bilder, gaben Aufträge, luden zu Festen und Konzerten in ihr Haus, ließen junge Künstler wie Fritz und Erich Erler studieren. Gustav Mahler führte ›Das Lied von der Erde‹ im Hause Neißer auf. Durch Aristokraten wie den Liebermann-Schüler Konrad von Kardorff und Wolfgang von Websky erlebte in Schlesien die Porträtkunst noch einmal eine große Stunde.

Renée Sintenis, in Glatz geboren, mit dem Adel eines Gesichts, das sie selbst in Bronze bildete, hat in ihren kleinen Meisterwerken von Kindern, Jünglingen und Tieren etwas von der zarten Melodie ihres heimatlichen Wälderlandes. Ähnlich feingliedrig und durchgeistigt war auch die Kunst des Breslauer Bildhauers Joachim Karsch, der sich mit seiner Frau während der Belagerung Breslaus im Februar 1945 das Leben nahm, erst 48 Jahre alt. Musik in Stein und Bronze, hartes Material, durchgefühlt und beseelt – das war die Kunst dieser beiden großen schlesischen Bildhauer.

Und die Musik?

Der größte Komponist aus schlesischem Blut war der 1797 in Wien geborene Franz Schubert, von beiden Elternteilen aus dem böhmischen Schlesien stammend. Das große Wälderrauschen der Väterheimat ist in seinen Liedern, die lyrische Gestimmtheit ihres Melodienreichtums in seinen Symphonien und Kammermusikwerken. ›Das schöne Labern‹, nannte mir einmal ein Schlesier die vielberufenen ›göttlichen Längen‹ Schubertscher Symphonien. Der Ausdruck ›Labern‹ für Reden und Schwatzen hatte hier keinen bösen Nebensinn – es war das in sich und in Gott selige Musizieren gemeint. Auch der große Komponist und Musiker Paul Hindemith hatte schlesische Eltern, und aus dem böhmischen Schlesien kam der musikantische Edmund Nick, der in Friedrich Bischoffs Breslauer Funkstunde die Funkmusik entwickelte.

Schon 1819 hatte der Komponist Spohr Breslau ›eine der musikalischsten Städte Deutschlands‹ genannt. Das Konzertleben blieb dort rege bis zum letzten Tag, und die vortreffliche Schlesische Philharmonie gehörte zu den größten Orchestern des Reichs.

Anfang des 19. Jahrhunderts wurde der Schlesier Josef Elsner zum Gründer und Leiter des Warschauer Konservatoriums und Lehrer Friedrich Chopins, der ihm zeitlebens in Dankbarkeit verbunden blieb. Er war es, der in Chopin das Bewußtsein seiner nationalen polnischen Sendung bestärkte. Die Musik übernahm durch ihn eine gute Mittlerrolle zum nachbarlichen Osten. Vom Osten zurück kam die edelste Wortmusik deutscher Lyrik, kam das Gedicht Joseph von Eichendorffs aus Lubowitz in Oberschlesien.

8. Kapitel
O. S. – zwei Sprachen und zwei Seelen

Das Paradies bei Naplatken

Einer der vielen Aufsätze, die wir in Weimar über ein Zitat des ortszuständigen Olympiers schrieben, hatte den Titel: ›Wer den Dichter will versteh'n, muß in Dichters Lande gehn.‹ Keine sehr genialen Zeilen Goethes, ein bißchen bieder und schulbuchbrav. In meiner frühen Lust, die Dinge auf den Kopf zu stellen, meinte ich, es hätte auch heißen können: ›Wer die Länder will versteh'n, muß zu ihren Dichtern gehn.‹ Das stimmte genauso oder war genauso anfechtbar wie das andere.

Als Goethe mit leichtem Schauder und einem Gefühl des Ausgeliefertseins mit seinem Herzog in oberschlesische Gruben einfuhr, kleidete er seine Abwehr in die Verse:

Fern von gebildeten Menschen, am Ende des Reiches, wer hilft
euch Schätze zu finden und sie glücklich bringen ans Licht?

Daß in seinem Reisejahr 1790 in diesem Land Oberschlesien, auf Schloß Lubowitz, ein zweijähriges Kind aufwuchs, das einmal als Mann Verse schreiben würde, die an atmosphärischer Dichte der Naturschilderung seinen eigenen schönsten und gültigsten Versen gleichkämen – hätte er es glauben mögen? Hätte es ihn bewegt? Würde er diese romantischen Verse von Hörnerschall und Glockenklang, den schlagenden Nachtigallen, den rauschenden Wäldern und der Waldeinsamkeit mit dem dröhnenden Lärm, der gnadenlosen Schwärze, dem häßlichen, stinkenden Schmutz der Industrie in irgendeine Beziehung haben setzen können? Aber damals schon hatte das Land zwei Gesichter, und der Dichter Eichendorff hatte sie. Die Todesangst, die Einsamkeit, die Verlorenheit, das Fremdsein auf Erden und das nächtige Grauen gehören auch zur Welt des Taugenichtsdichters, in der am Ende ›alles, alles gut war‹. Die schöne heile Welt des Dichters entstammt der Phantasie, der Erinnerung und Sehnsucht. Schloß Lubowitz war der Familie früh verloren gegangen. In Traum und Erinnerung blieben die bewegten Bilder für den Lützower Jäger, hernach für den preußischen Staatsbeamten in Breslau, Danzig, Königsberg, Berlin. Der Taugenichts starb als pensionierter Geheimrat in Neiße.

Das doppelgesichtige Land hatte einen doppelten Seinsgrund – den deutschen und den slawischen. So auch Eichendorff. Es waren Polen unter seinen Vorfahren, er konnte polnisch sprechen, liebte die polnischen Volkssagen und Märchen. Das seltsam Drängende und das Unter- und Hintergründige im grenznahen Oberschlesien gehörten zu den Komponenten seines Wesens und Dichtens.

Lyrisch und episch war die Gestimmtheit dieses Landes, nicht eigentlich dramatisch. Die Dynamik seiner Dichter – und auch ihre Zahl ist groß – erfüllte, ja sprengte manchmal die Erzählung. Sie schien zu wachsen mit der Dynamik der oberschlesischen Industrie seit den Gründerjahren. Sogar das gebräuchliche Kürzel O. S. wirkt dynamisch. Arnolt Bronnen machte es 1929 zum Titel eines von pathetischem Freikorpsmythos erfüllten Romans. Der stille, kleine Adolph von

Menzel wurde einmal höchst dramatisch in seiner Malerei, als er das Eisenwalzwerk von Königshütte in seiner grellen Glut malte. So wuchsen den Dichtern Oberschlesiens brennendere Farben zu, als sie eine sanft gefühlige Heimatkunst aufweist.

Da ist Hans Niekrawietz, der Sänger der Oderlieder, der Bauern und der Bergleute, einfach, karg, mit einer manchmal plakativen sozialen Anklage. Er entstammt einer zweisprachigen Familie. Josef Wiessalla, schwer, unbeholfen und ungebärdig, ein Mordskerl, ging in den Kämpfen um Breslau verloren. Von proletarischer Herkunft, sich verzehrend im Ungenügen an sich selbst, war er dort am besten, wo er das Zwiespältige seines Volkstums schilderte. Immer blieb er ohne Haß gegen die andere, die polnische Hälfte. Zu diesen Prachtsnaturen gehört Victor Kaluza, der, gleichfalls aus einer zweisprachigen Familie stammend, stets den Brückenschlag zwischen hüben und drüben, den Deutschen und den Polen versuchte. Seine unheroischen, aber um so menschlicheren Helden heißen Janek, Schelldupek und Lellek. Das Motto in der Dorfjungengeschichte von Schelldupek lautet: ›Wir suchten das Paradies an Euphrat und Tigris und wußten nicht, daß es in der Gegend von Vorwerk Naplatken liegt‹, und in den Geschichten ›Grüß dich, Dürrbeendl‹ heißt es ironisch:

Gott verläßt einen Deutschen nicht,
Auch wenn er etwas polnisch spricht.

Der Humor dieser zwiesprachigen, zwiedenkenden und zwiefühlenden Menschen hat etwas schlitzohrig Schwejkisches. Man hat über die Sprache der ›Wasserpolacken‹ in feinen deutschen Kreisen gelästert und gelacht wie über die ›heerich‹ böhmackelnden Tschechen im goldenen Prag. Die an der Oder und der Moldau haben sich gerächt, indem sie diese Sprache als Waffe benutzten und in ihren verschlungenen Wäldern in den Maquis gingen. Man konnte ihnen so schwer ernstlich beikommen, weil sie bei all ihrem Tun und Reden eine pfiffige Biedermannsmiene aufsetzten.

Die Leute, die nach 33 die Dichter von Volkstum, Blut und Boden förderten, rochen den Braten. Die vom Schlage Kaluza mit ihren zwei Heimaten waren ihnen suspekt. Man schuf damals die grausigen vier Kategorien von ›Deutschstämmigen‹, ›der Deutschstämmigkeit würdig Erachteten‹, ›der Verbesserlichen‹ und ›der Unverbesserlichen‹. Wetten, daß die Anteks, Lelleks und Janeks und ihre Autoren zu den ›Unverbesserlichen‹ gehörten? In der Gegenwart hat eine verruchte Nationalitätensturheit die Menschen, welche einmal eine Brücke zwischen Deutschland und Polen gewesen sind, vollends auseinandergerissen. Oberschlesier leben in der Bundesrepublik, Oberschlesier leben in Polen und können zusammen nicht kommen.

Wenn der selbstzufriedene Westen nur etwas mehr von diesen seinen Schlesiern und ihrer Literatur gewußt hätte und wüßte! Durch Günther Grass sind Danzig und das Kaschubische, durch Siegfried Lenz Suleyken und das Masurische literaturwürdig geworden. Warum sind es Kattowitz und das ›Wasserpolackische‹ nicht? Es liegt nicht an einer minderen Qualität der Autoren. Mir scheint, hier stehen sich manchmal die Schlesier selbst im Wege. Als ich vom Plan dieses Buches mit einem intelligenten Niederschlesier sprach, sagte er zu mir: »Aber Sie werden doch die Oberschlesier nicht mit aufnehmen! Das sind doch keine richtigen Schlesier...« – Da liegt der Hase im Pfeffer, da wird der Wasserpolacke in die Pfanne gehauen. Es gibt heute noch Menschen im ›goldenen Westen‹, die allen Ernstes meinen, man habe seit anno 19 eine zu weichmütige Volkstum- und Sprachenpolitik in der kurzlebigen Provinz Oberschlesien getrieben. Die miserable Vokabel ›eindeutschen‹ hat noch post festum ihre Anhänger. Einen hat das zerrieben. Einer hat vom Zuhausesein in zwei Völkern und Sprachen und vom Kriegführen gegen zwei Fronten am Ende etwas verzweifelt Querulantisches bekommen: August Scholtis. Immer hatten die Kulturhüter ihm gegenüber ein schlechtes Gewissen. Man wählte ihn in den PEN-Club und in zwei Akademien, schickte ihn als Stipendiat in die Villa Massimo in Rom. Zeitungen mit kultiviertem Feuilletonteil druckten seine Beiträge. Und doch war ihm nicht zu helfen. Noch kurz vor seinem Tod habe ich ihn in seiner Mansardenwohnung in Berlin-Steglitz besucht. Mit Filzschuhen und Pelzmütze stapfte er durch sein enges Zimmer voller Bücher, guter Bilder und vieler alter Zeitungen. 1956 hatte er mir in einem langen, deprimierten Brief geschrieben: ›Was ich bisher für die deutsche Sache in meiner Heimat publizierte, ist für jedermann jederzeit nachlesbar. Es ist allerdings die Frage, wie lange ich noch meine Intelligenz strapazieren lasse aus preußischer Untertanenpflicht und katholischer Kirchenfrömmigkeit.‹ Er hat sie noch 13 Jahre strapazieren lassen, aber als ich ihn 1969 besuchte, merkte ich, daß seine Kräfte am Ende waren. Sein größter Roman ›Schloß Fürstenkron‹ und seine ›Römischen Aufzeichnungen‹, aus denen man köstliche Kapitel durch Vorabdrucke in Karl Schodroks Zeitschrift ›Schlesien‹ kennengelernt hatte, fanden keinen Verleger mehr. Die Verleger entschuldigten sich damit, daß sie keine Leser dafür fänden. Originale, Einzelgänger, Zwiespältige stehen auf dem deutschen literarischen Markt nicht hoch im Kurs. Wer machte sich selbst unter seinen Landsleuten die Mühe, aus seinem schwejkischen Zwiedenken herauszufinden, daß dieser Scholtis ein sehr ordentlicher, rechtlicher Preuße war und ein Katholik dazu? Man lese nur einmal seine römischen Berichte nach, wie der Herr aus Bolatitz – ein Herr ist dieser Kleineleutesohn aus dem dreisprachigen Hultschiner Ländchen immer gewesen – in der Silvesternacht 1965, zur Zeit des Konzils, auf dem Petersplatz in Rom steht und zu den Fenstern des Papstes hinaufschaut: ›Der Platz ist menschenleer, majestätisch waltet der letzte Abend des alten Jahres über diesem Platz, ein ungewöhnlicher Vollmond glänzt am Himmel, ein wenig abseits gegen die Stadt geneigt sehe ich das Sternbild des großen Wagens; der Himmel ist tiefblau, die Fassade von Sankt Peter leuchtet merkwürdig in dieser Dämmerung...‹

So stimmungsstark konnte dieser verquere Poet und späte Nachfahr Eichendorffs schreiben. Er durfte sich's noch erlauben, östliche Schlittenfahrten mit Winterwald, Schneeflocken und Herrschaftskutschern zu schildern, ohne daß dies im mindesten gefühlig oder antiquiert wirkte. Mit zwei großen Romanen war er einst unter glücklichen Sternen um 1932 in die deutsche Literatur eingezogen – mit ›Ostwind‹ und ›Baba und ihre Kinder‹ –, doch schon wenige Jahre später war die deutsche Literatur in Deutschland am Ende. Nach 45 schrieb Scholtis noch zwei beachtliche Bücher, die Erinnerungen ›Ein Herr aus Bolatitz‹, die unter den Autobiographien unserer Zeit zu den lebendigsten und farbigsten, kritischsten und aggressivsten gehören, und seinen Bericht ›Reise nach Polen‹ eine Reise, von der er nicht nur die Totenmaske Carl Hauptmanns im Koffer zurückbringt, sondern eine Fülle von kritischen Einsichten über die Fehler und Vorzüge beider Völker. Sie führen zu diesem Schlußsatz: ›Es ist höchste Zeit, daß Deutsche und Polen sich endlich offen ins Auge schauen und versöhnungsbereit die Hände entgegenstrecken als Anbeginn eines zweiten Jahrtausends unumgänglicher guter Nachbarschaft.‹

Hans Scholz, der Verfasser des Romans ›Am grünen Strand der Spree‹ und selbst ein Berliner mit schlesischen Vorfahren, hat am Grab des Dichters, der sich still aus dem Leben davongeschlichen hatte, eine Rede voll Bitterkeit gehalten, wie sich die bundesdeutsche Wohlstandsgesellschaft diesem Toten gegenüber bis auf die Knochen blamiert habe: ›Verzeih uns armen Sündern, lieber August Scholtis, du hättest es besser verdient – – aber die Verhältnisse, die sind nicht so.‹ Bei meinem letzten Gespräch mit Scholtis am 17. Januar 1969 erzählte er mir von einer Freude, die er letzthin gehabt habe: ein Dichter vom Jahrgang 1920 habe einen eindrucksvollen Roman aus der oberschlesischen, wasserpolackischen Welt geschrieben: Hans Lipinsky-Gottersdorf mit seinem Buch ›Die Prosna-Preußen‹. Ein Wort von ihm habe er sinndeutend vorausgeschickt: ›Ich habe mein ganzes Leben an etwas gehängt, was es nicht gibt: Preußen.‹ Ich las das Buch und fand darin mit großer Erzählkunst, in atmosphärischer Dichte und mit prall saftigem Humor das Schicksal von oberschlesischen Grenzmenschen, Gutsbesitzern, Bürgern, Bauern, Landarbeitern im kaiserlichen Deutschland nach der Jahrhundertwende, in all seinem Mißverstehen für die Menschen mit den zwei Sprachen und den zwei Seelen. Geschichten aus der Welt am Flüßchen Prosna, hinter dem die Kosaken des Zaren als Grenzwache reiten.

Dies kleine Grenzflüßchen und die Kosaken – sie kommen immer wieder in den Erinnerungen der Menschen vom östlichen Oberschlesien vor. Sie tauchen auf bei Georg Zivier, der, verfemt in Nazideutschland, mit seinem Freund Hans Nowak Romane aus der Welt der oberschlesischen Industrie geschrieben hat und der in Erinnerungen das Bild der oberschlesischen Städte seiner Jugend farbig und lebhaft beschrieb. Die größten Schauspieler Berlins kamen mit Max Reinhardt ins Land. Es gab für sie Wagenpartien durch unermeßliche Wälder und aufwendige Gastmähler, wie sie die Zaren einst den Meiningern auf ihren Schlössern um St. Petersburg gegeben hatten. Opulente Musikfeste und Ballettaufführungen fanden statt – Richard Strauß, der Süddeutsche, fühlte sich im Osten nicht ›fern von gebildeten Menschen‹. Bielitz war damals ein Klein-Wien mit Operettenseligkeit, Kattowitz ein Vorposten aktiven zeitgenössischen Theaters unter Renato Mordo und Paul Barnay.

Das Leben in Oberschlesien war reich und großartig, bunt und turbulent – doch man wußte in Berlin wenig, am Rhein nichts davon. Ein preußisches Galizien, Verbannungsgarnisonen für Offiziere. Interessant für Wirtschaftler und Börsianer. Die schreckten auch zuerst auf, als der Versailler Vertrag Schlesien teilte und nach dem harten Abstimmungskampf die ostoberschlesische Industrie zu Polen kam. Doch der deutsche Normalbürger ahnte nicht, was für gute Samen in kulturellen, aber auch in politischen Bereichen der über die Flüßchen Prosna und Brinitza wehende Ostwind mit sich trug.

Oberschlesische Autoren der jungen Generation sind Erben dieser phantasieträchtigen Welt. Auch wer himmelweit von einer Boden- und Landschaftsmystik entfernt ist, mag noch die Geschichten in sich hören, die Eltern und Voreltern erzählten. Der Gleiwitzer Erzähler und Lyriker Horst Bienek, von August Scholtis herzlich empfohlen, wurde sehr viel tiefer in die östlichen Weiten verschlagen, als ihm lieb war. Er kam als Zwangsarbeiter nach Workuta. Sibirien wurde für ihn ebenso zum entscheidenden Erlebnis wie für den Tarnowitzer Dichter Wolfgang Schwarz, der sieben Jahre dort als Gefangener verbringen mußte. Der eine schrieb das ›Traumbuch eines Gefangenen‹, der andere den Roman ›Des Ostwinds eisiger Psalm‹. Beide suchen jetzt den Freundesweg zu den polnischen Nachbarn ihrer Kindheit.

Vom Kreuzburger Heinz Piontek schrieb Hans Egon Holthusen: ›Unter den deutschen Lyrikern der jüngsten Generation ist kaum einer, dem ich so viel Kredit geben würde wie Heinz Piontek.‹ Piontek selbst sagt über seine oberschlesische Prosa: ›Sie läßt meine Heimat in einem dichterisch überhöhten, traumhaften, visionären Bild erscheinen.‹ Und dann der wunderbare Reiner Zimnik, 1930 in Beuthen geboren! Millionen sahen auf dem Fernsehschirm seine köstlich kauzigen Zeichnungen vom freundlichen Brillenmann Lektro. Er schreibt und zeichnet für Kinder und kindergläubige Erwachsene, kinderverwirrend, kinderbeglückend und hochpoetisch, ein Rarissimus der deutschen Literatur, mit einer Ahnherrenschaft von Eichendorff bis zu Ringelnatz. Den Taugenichts darf der nicht verleugnen, der sich heute als ›gelernten Niederbayern‹ bezeichnet. Hauchzart und traurig kann seine ganz moderne Poesie sein. Der bärenstarke Zirkusathlet Augustus aus

Przewolje stirbt aus Kummer, weil ihn ein geliebtes Vögelchen verläßt.

Przewolje aber kann nur in dem Land liegen, wo die Grenzflüsse Prosna und Brinitza heißen. Und wo der Phantasiewind aus Osten weht.

Partisanen des Friedens

›Die Buben aus Deutsch-Piekar fischten im Flüßchen Brinitza – vom andern Ufer aus angelten die Kosaken des Zaren. Die Buben schossen mit Gummischleudern auf die Angelruten der Kosaken. Die grinsten gutmütig und riefen »Choroscho«.‹ So steht es in dem Buch ›Lebenserinnerungen eines Botschafters‹ von Hans Kroll. Der war einer dieser Buben gewesen; denn sein Elternhaus stand nur einen Kilometer von der Grenze entfernt. Von den Kosaken des Zaren habe er seine ersten russischen Sprachkenntnisse empfangen, bekennt er in seinem Buch. Als Kroll 1916 schwer verwundet in einem Lazarett in Jena lag, hörte er eine Schwester sagen: »Der Arme kommt aus Oberschlesien! Ob er wohl deutsch kann?« Die Gute wußte soviel vom deutschen Osten wie die meisten Mittel-, West- und Süd- und heute noch generaliter die Bundesdeutschen.

Gerechtigkeit für Oberschlesien, Verständnis für den Osten – das wurden zwei Lebensziele für den angehenden Diplomaten, der aktiv am Abstimmungskampf um Oberschlesien teilnahm. Truppen der Alliierten überwachten diese Abstimmung: Franzosen mit spürbarer Sympathie für die Polen, Engländer korrekt und fair gegenüber beiden Seiten und Italiener, herzlich uninteressiert. Was wollte man auch von Menschen aus Rom und Mailand an Interesse erwarten, da es in Berlin kaum mehr als offiziell, in Köln oder München gar nicht vorhanden war. Man lachte einmal herzlich, als die Italiener Alpini nach Oberschlesien schickten, weil sie aus der französischen Bezeichnung ›Haute-Silésie‹ vermuteten, das müsse doch ein Gebirgsland sein. Vortreffliche Männer, deren Namen gar nicht so sehr deutsch klangen, setzten sich damals leidenschaftlich für die deutsche Sache ein: Urbanek, Dr. Lukaschek, Przyschkowski und der katholische Pfarrer Ulitzka. Der junge Dr. Hans Kroll – der nun mit einem sehr deutschen Namen – baute die Pressestelle der deutschen Organisationen auf. Es ergab sich als Resultat des Plebiszits eine Dreifünftelmehrheit für Deutschland, und am 14. Oktober 1919 wurde das preußische Gesetz über die Bildung der Provinz Oberschlesien veröffentlicht.

Es gab aber auch Krieg im Land. Die Aufstände Korfantys brachen los, die nicht nur die nationalpolnische Sache vertreten zu müssen glaubten, sondern auch eine gut katholische gegen eine ›kirchenfeindliche‹ deutsche Reichsregierung. Es gab den Sturm deutscher Selbstschutzorganisationen auf den von polnischen Insurgenten besetzten Annaberg, den heiligen Berg Oberschlesiens, noch im Mai 1921. Ein Genfer Schiedsspruch teilte am Ende ein Drittel Oberschlesiens Polen zu, darunter das wertvolle Industriegebiet um die Stadt Königshütte, die mit 74 Prozent ihrer Stimmen für Deutschland optiert hatte. Historische Lügen wurden von hüben und drüben auf den Tisch der internationalen Schiedsrichter gelegt. Deutsche Gelehrte bezeichneten die oberschlesischen Schrotholzkirchen als typisch deutsche Erfindung, polnische Kunsthistoriker nannten sie ebenso nachdrücklich urpolnisch. Heute sehen wir die blutige Wirrnis von 1919 bis 1922 als einen tragischen Bruderkrieg. Daß Weltmächte von Ostproblemen so wenig verstanden wie die Mehrzahl der Deutschen, macht ihn nicht entschuldbarer. Daß polnisch sprechende Oberschlesier ihr Deutschtum oft heftiger verteidigten als die Deutschen selbst – dieses Kuriosum hat uns Scholtis überliefert. Im Grunde waren die Aufstände der Abstimmungszeit so sinnlos wie die berüchtigten Pitschener Kriege am wohlbekannten Flüßchen Prosna. Jahrhunderte ging das so: Die Pitschener deutschen Bauern mähten im Sommer ihre Wiesen, und die Polen kamen über die Prosna herüber und fuhren das Heu in ihre Scheunen. Die Pitschener gründeten eines Tages Bürgerwehren. Die aus dem zaristischen Rußland zündeten ihre Stadt an. Die Pitschener löschen. Inzwischen stehlen die von drüben wieder das Heu. Als der Brand erloschen ist, stürmen die Pitschener mit Rachegeschrei über die Prosna und holen sich das Heu zurück. Dieser Heukrieg – zum Teil auch von vierbeinigem Rindvieh geführt, das auf die Prosnawiesen getrieben wurde – dauerte bis zur Mitte des 19. Jahrhunderts. So kindisch können Kinder sich nicht aufführen wie nationalistisch aufgeheizte Erwachsene.

Doch hat das Wort von Botschafter Kroll in seinen Memoiren seine Richtigkeit: ›Der Grenzdeutsche hat ein besonders waches Gefühl für alles Politische.‹ Aus ihm wird Krolls leidenschaftliches Bemühen er-

klärbar, seine Moskauer Botschafterzeit zu nutzen, um ein freundschaftliches Verhältnis der Bundesrepublik zur Sowjetunion zu schaffen. Er mußte deswegen, wie er in seinen oft bitteren Erinnerungen schreibt, einen ›Partisanenkrieg‹ gegen das Mißverstehen des offiziellen Bonn führen. Manchmal hatte er das Empfinden, daß sein sowjetischer Gesprächspartner Chruschtschow ihn als Ostmensch besser verstand als die Politiker am Rhein. Der Russe schätzte seine mitunter geradezu ›brutale Ehrlichkeit‹. Man schaue sich das Bild dieses derb kräftigen Schädels an – wenn es einen oberschlesischen Typ gibt (und es gibt ihn), dann verkörpert ihn der Diplomat, dem die Erfüllung selbstgestellter Lebensaufgaben versagt blieb.

Vielleicht hat Hans Kroll sich öfters an die Denkschrift eines anderen oberschlesischen Diplomaten erinnert, in der es heißt: ›Es war kein Platz für mich in einem System, das seit Jahren nur von Tradition und Routine lebte und das nur Vertreter duldet, die so berichten, wie man es lesen will. Vorurteilslosigkeit und unabhängiges Urteil werden bekämpft, Unfähigkeit und Charakterlosigkeit gepriesen und geschätzt, Erfolge erregen Mißgunst und Beunruhigung.‹ Dieses ›System‹ ist das kaiserliche Deutschland gewesen, und der darüber 1916 schrieb, war Fürst Karl Max Lichnowsky, deutscher Botschafter in der englischen Hauptstadt bei Ausbruch des Ersten Weltkriegs. Er hätte wohl verhindern können, daß England in diesen Krieg eintrat, denn Harold Nicolson bezeugt ihm, daß er in London soviel Vertrauen und Sympathie genoß wie kein anderer Diplomat. In den letzten Stunden vor Kriegsausbruch soll er, der monokeltragende, diskret elegante Grandseigneur, sich vor Verzweiflung wie ein Rasender gebärdet haben. Hernach schrieb er in seinem Memorandum: ›Was vor allem zu erreichen war, der Bruch mit England *und* Rußland, das haben wir erreicht.‹ Der Oberschlesier kannte Rußland... Man hat später seine Denkschrift durch Indiskretion der Entente in die Hände gespielt, und von ihr wurde sie über der deutschen Front als Flugblatt abgeworfen. Daraufhin schloß man Lichnowsky ›wegen unvaterländischen Verhaltens‹ aus dem preußischen Herrenhaus aus, und Ludendorff verlangte bis zum Kriegsende seine Bestrafung als Hochverräter. Aber der Staat zerbrach, der Intelligenz, Friedensliebe und Völkerpsychologie als Hochverrat bezeichnete.

Fürst Lichnowsky ist der Standesherr gewesen, in dessen Dorf Bolatitz August Scholtis zur Welt kam, der in jungen Jahren Schreiber beim fürstlichen Amtsvorsteher in Kuchelna wurde. »Ein katholischer Fürst, ein Weltmann und Europäer«, hat Scholtis rühmend seinen Herrn genannt, der das nahe Ende der Feudalepoche voraussah. Mit seiner Gemahlin Mechtild, die eine Schriftstellerin von Grazie, Witz und Klugheit war, wirkte er für die Zukunft. Freiwillig führte er eine Bodenreform durch, gab seinen Knechten die Möglichkeit zum Aufbau von Siedlungen, schenkte ihnen Ziegel und Sand für Häuser, stellte ihnen Gespanne zur Verfügung. Er las lateinische Dichter und deutsche Philosophen. Der Magnat gehörte zu jenen wahrhaften Edelleuten, die ihren größeren materiellen und geistigen Besitz als die höhere Verpflichtung ansehen. Karl von Ossietzky schrieb ihm bei seinem Tode 1928 den ehrenden Nachruf in der ›Weltbühne‹.

Moloch Industrie

Wie das ›Ruhrgebiet des Ostens‹ entstanden ist – das ist eine Geschichte von Wagemut, unternehmerischer Kühnheit, Unterdrückung und Brutalität, von nabobhaftem Reichtum und tiefstem Elend, von Suff und Süchten und eiskaltem Spekulantentum. Der in Breslau geborene, aber schon als Kind nach Oberschlesien verpflanzte Arnold Ulitz hat in seinem Roman ›Der große Janja‹ dargestellt, wie ein hell spekulierender Bäckermeister zum Bauherrn des neuen Kattowitz und seiner Eisenbahnersiedlung wird. Der Janjas hat es in den Gründerjahren viele gegeben. Sie machten aus alten Waldstädten und Kultursiedlungen wie Gleiwitz, Beuthen und Myslowitz triste Industriestädte, über die sich Hüttenrauch und eine säureverätzte Luft legten. Dörfer wuchsen sich zu Städten aus, die wiederum wie Krebszellen wucherten und zu Industriegebieten wurden. Das 1000jährige Beuthen, das 1815 2000 Einwohner zählte, kam 1939 auf 102 000. Die Architektur hatte damals ohnehin nicht ihre Sternstunde. Im Erz- und Kohlerevier aber hieß es schnell bauen: Zechen, Gruben, Verwaltungsgebäude, Arbeitersiedlungen. Für Städteplanung war keine Zeit. Eine Wirrnis von Straßen, Eisenbahnen, Kanälen fand oft ihren Richtpunkt in trostlosen Schlackenhalden. Die Industrie fraß die Wälder, die ›abendlich aus

tiefen Gründen rauschten‹, verschmutzte die ›Quellen zwischen Stein und Blumen weit‹. Fabriksirenen überdröhnten Eichendorffs stillen Nachtgesang, seine Hörner und Glocken.

Noch gab's Dörfer, in denen bäuerlich reich gelebt, robust gefeiert und gezecht wurde. Polnische und deutsche Kreisärzte und Tierärzte machten einander den Ruhm streitig, wer härter saufen und mehr vertragen könne. Noch betrachtete man respektvoll den Grabstein an der Leobschützer Pfarrkirche für jene reiche Bauerntochter, die am Hochzeitstag starb, weil sie zuviel Met und Schinken, Rosinen und Klöße verschlungen hatte. Aber die Industrie fraß mehr, als es oberschlesische Bauerntöchter konnten: sie fraß Bauernland und Wälderland, Kultur und Menschenglück. Unantastbar blieben die Ur- und Riesenwälder der Magnaten mit ihrem reichen Großwildbestand. Beim Fürsten Pleß jagten Kaiser Wilhelm II., Kaiser Karl von Österreich, der Thronfolger Erzherzog Franz Ferdinand, Graf Zeppelin, Enver Pascha und Fürst Bülow. Bei seinen Jagdmählern bedienten Hunderte von Lakaien, brannten Tausende von Kerzen. Der riesige Montanbesitz von Kattowitz sicherte die sonnenkönigshafte Pracht. Die Herzöge von Ratibor, von Ujest, die Prinzen Hohenlohe-Ingelfingen, die Fürsten Henckel-Donnersmarck und Stolberg-Wernigerode standen mit ihren Schlössern, Wäldern, Zechen und Fabriken an Macht und Pracht dem Fürsten

Pleß mit seinen 51 000 Hektar Grundbesitz kaum nach. Wie bescheiden war noch das Großherrentum der Eichendorffs auf Schloß Lubowitz gewesen, wie kultiviert und schlicht nehmen sich dagegen die Feste beim Herzog zu Württemberg im oberschlesischen Carlsruhe aus, der in seinem kleinen Komödienhaus eine ständige Schauspieltruppe unterhielt und für das Jahr 1806 Carl Maria von Weber als Dirigenten engagierte. Bei seinen Konzerten spielten die Honoratioren der Umgebung und ihre Kinder im Orchester mit, ein liebenswürdiges Bild der vorindustriellen Epoche.

Im Industriezeitalter ist Fürst Guido von Henckel-Donnersmarck der typische Gründer. Seine Laurahütte, 1839 gegründet, fördert 40 Prozent der Weltproduktion an Zink. Aus einem gelderländischen Geschlecht vom Niederrhein stammend, kamen die Henckel-Donnersmarcks über die oberungarische Zips, über Wien und Wittenberg (wo sie ehrbare Pastoren gewesen sind) schon im 17. Jahrhundert ins Beuthener Revier. Fürst Guido lernte die Bergkunst von Pieke und Schaufel an. Als Hauer fuhr er ein Jahr lang mit den Kumpels ein, lernte ihre Sprache, ihre Arbeit und ihre Not kennen. Solche Erfahrungen ließen ihn zum vorbildlichen Sozialpolitiker werden. Das von ihm gestiftete Fürst-Donnersmarck-Institut in Berlin-Frohnau machte die medizinischen Erfahrungen des Ersten Weltkriegs für die ärztliche Wissenschaft nutzbar.

Franz von Winckler entstammte dem bürgerlichen Haus eines Gutsverwalters. Auch er fuhr als Bergmann ein und wurde durch kluge Ankäufe und organisatorisches Talent zu einem der bedeutendsten Zechenherren des Landes. Und auch er erkannte die Gefahr, daß ehemalige freie Bauern durch die Industrie zu Lohnsklaven und Proletariern herabsanken. Durch soziale Leistungen, durch die Zuteilung von Gartenland und Vieh suchte er dem entgegenzuwirken. Krankenhäuser und Erholungsheime trugen den Namen des Menschenfreundes, der den Moloch Industrie human zu bändigen suchte.

Wie ein spukhafter Golem wirkt eine der bedeutendsten Figuren des beginnenden oberschlesischen Industriezeitalters: Godulla. Das Leben des 1781 Geborenen beginnt als Eichendorffsches Idyll. Ein kräftiger, gradgewachsener junger Mensch von armer Herkunft wird Jägerbursch beim Grafen Ballestrem. Aus dem Idyll wird bald das alte Bauerntheaterstück vom Jäger und Wilderer, nur in einer unvorstellbar blutrünstigen

Version. Wilddiebe packen den jungen Menschen, schlagen ihn mit Fäusten und prügeln ihn zusammen, entmannen ihn mit ihren Messern und hängen das blutige Stück Restmensch mit dem Kopf nach unten an einem Baum auf. Damit müßte ein Leben zu Ende sein, ein Krüppel mehr sich als Almosenempfänger durch die Welt betteln. Aber der Graf zeigt Mitleid mit dem geschundenen Jäger, und der hat einen unbändigen Lebenswillen. Haß gegen die Grausamkeit der Menschheit läßt in ihm eine Machtgier entstehen, die wie eine verzehrende Flamme brennt. Er sucht den Rausch, er sucht den Reichtum. Und, sieh, unter den Händen des Krüppels wird, wie in der Sage vom König Midas, alles, was er anfaßt, zu Gold. Hochofenschlacke, ein wertloses Relikt der Zechen, das er beim Grafen Ballestrem billig aufkauft und an eine neue Zinkhütte des Fürsten Pleß teuer verkauft, wird zur Grundlage seines Vermögens. Eines Tages hat Godulla genug Geld, um ein verwahrlostes Rittergut zu kaufen. Eines weiteren Tages kann er sich an den Hütten seines Herrn und Wohltäters mit Kapital beteiligen. Er wird Grubendirektor. Am Ende ist er der unbestrittene Zinkkönig vom ganzen Revier. Ein Krüppel, verhaßt und absonderlich, hart den Arbeitern gegenüber, aber auch in Notfällen hilfreich. Kaum jemand bekommt ihn zu Gesicht. Er verkriecht sich in seinem bescheidenen Inspektorhaus in Ruda, wo er spartanisch einfach lebt, immer darauf bedacht, noch reicher zu werden. Er kauft Kohlengrube um Kohlengrube und ist am Ende ein ungefürsteter Magnat.

Nur eins kann er nicht kaufen: die Liebe einer Frau, das Glück einer Familie. Aber einen Erben kann er sich dennoch beschaffen. Eine Halbwaise, ein wasserpolnisches Arbeiterkind, Johanna Gryczik, nimmt er an Kindes Statt an. In Breslau bekommt Hannchen eine Erziehung wie die Tochter eines Standesherrn. Das Arbeiterkind wird Alleinerbin eines riesenhaften Besitzes an Wäldern, Gütern, Zechen und Fabriken. Königliche Gnade, die dem Reichtum hold ist, macht aus der Godulla-Gryczik ein Edelfräulein von Schomburg-Godulla. Und da kommt auch der liebliche Kindermärchenschluß, zwar nicht in Person eines Prinzen, aber doch eines wohlgestalteten jungen Reichsgrafen Hans Ulrich von Schaffgotsch. Der heiratet Johanna, ohne an ihren Wäldern, Gütern, Zechen und Fabriken Anstoß zu nehmen. So wächst einem kastrierten Golem ein stattlich blühendes Geschlecht nach. Ein Stoff, wie ihn das kitschigste Kioskromanheft nicht schöner ersinnen kann. Zum

Glück haben gute oberschlesische Autoren diesen Roman geschrieben: Hans Nowak und Georg Zivier, die im Bannkreis der Godulla-Welt aufwuchsen. Auch polnische Schriftsteller haben sich dieses ungeheuerlichen Schicksals bemächtigt. Daß noch kein Film den Quasimodo der Großindustrie in seinen Mittelpunkt gestellt hat, bleibt verwunderlich.

Einen kleinen Dankesgruß möchte ich zum Schluß noch der oberschlesischen Stadt Oppeln widmen. Sie ist mit einem betrüblichen Ereignis verbunden: mit meiner Einberufung zur deutschen (damals hieß es sogar noch großdeutschen) Luftwaffe, die uns in einen kleinen Horst oberhalb der Stadt verlegte und eine Woche lang keine Uniformen für uns hatte. Von der Stadt habe ich nicht viel mehr in Erinnerung behalten, als daß sie, wie Prospekte zu sagen pflegen, ›freundlich im Grünem lag und daß sie, neben einigen hübschen Resten bolkonischer Vergangenheit, viel Bahnhofs- und Regierungsarchitektur bot. Von diesem Bahnhof erlebte ich die plötzliche Flucht der Bevölkerung, als am 17. Januar 1945 alarmierend bekannt wurde, daß die Rote Armee nur noch 40 Kilometer vor der Stadt stand. Stand, d.h. sich sehr eilig bewegte. Daraufhin schickte ich noch in der kommenden Nacht meine eigene Familie aus Breslau auf die Flucht. Denn von Oppeln waren es nur noch 80 Kilometer Luftlinie bis Breslau. Und, nach der Geschwindigkeit ihres Vormarschs, schienen sich die Russen an diese Linie zu halten.

9. Kapitel
Oh, Lerge!

Als es in Deutschland nichts mehr zu lachen gab, im Sommer 44, lachten wir in Wölfelsgrund drei Wochen lang. Wir hatten einen Pfarrer unter uns, der übte Seelsorge durch Humor. Es war die oft verzweifelte Heiterkeit der vorausgeahnten letzten Stunde. Manchmal erzählte uns der Herr Pastor bis über die Mitternachtsstunde hinaus Witze, niederschlesische und oberschlesische. Die Zahl derer, die er von Antek und Franzek wußte, war Legion. Es waren klassische dabei, wie der:

ANTEK: Hab dich lang nicht gesähn! Wo bist so lang gewesen?
FRANZEK: In Gefängnis.
ANTEK: DU? In Gefängnis? Wo kannst kein Wässerchen triben.
FRANZEK: War wegen Bestechung.
ANTEK: DU, und Bestechung?
FRANZEK: Beamtenbestechung.
ANTEK: Beamtenbestechung, du armes Luder?
FRANZEK: Mit Mässer, Pieronie!

Paul Löbe versichert in seinen Memoiren, über diesen Witz habe sogar Papst Pius XII. gelacht, als er ihn, noch als Nuntius Pacelli, in Berlin erzählt bekam.

Wir lachten auch über den folgenden: In einigen Städten konnte im Mittelalter ein zum Tod Verurteilter noch im letzten Augenblick vom Galgen freikommen, wenn eine reine Jungfrau sich bereiterklärte, ihn zum Gemahl zu nehmen. So stand da auch einer in Habelschwerdt und wartete aufs Aufknüpfen, als der Henker lauthals rief: »Ist allhie eine keusche Jungfrau, so sich bereit erkläret –?« usw. Hoffnungsvoll schaut der Delinquent in die Runde. »Ich!«, meldet sich eine spitze Stimme. Der Todeskandidat sieht die Jungfrau prüfend an, schaut hinauf zum Galgenstrick und sagt resigniert: »Nuff!«

Und noch einer: Franzek kommt auf Bahnhof Zewadzki: »Mächt ich einmal Dritteklass' nach Heilhitler.« Sagt Bahnmensch: »Was? Wohin?« Franzek: »Dritteklass' nach Heilhitler.« Der Bahnmensch: »Heilhitler gibt nicht!« Franzek: »Gibt nicht, gibt nicht! Wie ich neilich zu Ortsgruppenleiter ›Gutten Tag‹ sag, schreit mich der an: ›Heißt nicht Gutten Tag, heißt Heilhitler!‹ Wschiskojedno, gib mich Dritteklass' nach Guttentag.« Und der Bahnmensch von Zewadzki reicht ihm eine Fahrkarte nach Guttentag. Denn das gab's noch. Trotzdem. Damals.

Es gibt natürlich auch sehr viele hübsche niederschlesische Witze. Aber die meisten kennt man in leichten Abwandlungen auch von andern Stämmen. Die oberschlesischen entstammen oft dem Galgenhumor von Leuten, die gern einmal lachen wollen, obwohl es für sie nichts zu lachen gibt. Man verspottete sie wegen ihres Wasserpolnischen oder attackierte sie deshalb sogar ziemlich böse. Sie schlugen zurück. Mit der scharfgeschliffenen Waffe des schwejkisch hinterfotzigen Witzes. Von hinten mitten durch die Brust...

Das Niederschlesische hat auch im Humor etwas von der breiten, gutmütig labernden Art seiner Menschen. Es ist freundlich umständlich und ohne Aggression, bildkräftig, von einer natürlichen Drolerie. So gibt's ein vielgesungenes, nicht ganz echtes schlesisches Volkslied, das also anfängt:

Wenn mer Sonntichs ei die Kärche gihn.
's woar emm'r asu, 's woar emm'r asu,
Bleib'n mer voar a wing beim Kratsch'm stihn.
's woar emm'r asu, asu,
Do loon mer moanche guda Troppa
Ei onsrer Kehle nonderhoppa;
Denn mer sein ja gude Kender.
's woar emm'r asu, 's woar emm'r asu.
Denn mer sein ja gude Kender -
's woar emm'r asu, asu.

Das geht dann durch drei Strophen weiter über die Kirche und den Kirchenschlaf wieder zurück in den Kratsch'm. Was übrigens Kretscham heißt und auf hochdeutsch Gastwirtschaft. (Nicht jeder hochdeutsche Herr Kretschmer oder Kretschmann weiß, daß seine Vorfahren schlesische Wirte gewesen sind, vielleicht sogar auf einer ›Baude‹ im Gebirge.) Es ist dies das richtige, originale Gerhart-Hauptmann-Schlesisch, ›Eiber der Auder‹ redeten sie vertrackter: »Geiste meite eiber der Auder? / Dreib'n is Mausik / Dree Steikl am Beihm / Duos geiht amuol schein.« Der Beihm ist natürlich der Beehm, und der Beehm ist der Böhm, und der Böhm ist der Groschen... (Ist er jetzt gefallen?) Manchmal war die niederschlesische Herzlichkeit recht deftig. So wenn ein junger Bursch sein weinendes Mädchen tröstet: »Aale Gaake, noatsch ock nee – ich war' dich schunt noch nahme.« »Meechen, flenn nich – ick nehm dir ja«, sagte später der nach Berlin ausgewanderte Schlesier. Wie drückt es heute der nach Bayern oder an den Niederrhein transferierte aus?

Professor Dr. Konrad, der letzte deutsche Prediger von St. Elisabeth – wo ich ihn Anfang Juli 1945 noch in seinem Pfarrhaus besuchen konnte –, erzählt in seinen hübschen Erinnerungen, was sich die Breslauer Buben vom Christfest erwarteten:

A Tippel und a Kriegel
Und 'n Oasch voll Priegel.

Hier waltet, wie man sieht, ein rauher und herzlicher Realismus. Auch das barock Umständliche der Höflichkeit ist ein typisch schlesischer Zug. »Sein Se ock gebaat'n« oder »sein Se so gutt«, hat dem simplen ›Bitte‹ gegenüber etwas beinahe höfisch Zeremonielles. Das Bildkräftige der Vergleiche ist ebenso echt schlesisch: »A is eefältig wie a Wertshaussuppe«, heißt's von einem besonders Dummen, und ein Hochmütiger »spuckt ei's Wasser und gleebt, doaß überleeft«. Ein Energischer »gieht groade durch wie a Fleeschermesser«. Und eine resignierte Lebensbilanz sieht so aus: »Wer die Woarheet geigt, dem schlät ma a Fiedelbogen üm a Kupp.«

1944 konnte meine kleine Tochter zum ersten (und zum letzten) Mal mit dem buntgeschmückten Stock zum ›Sommersingen‹ durch unsern Stadtteil Kleinburg gehen. Ich höre noch um die Osterzeit das leirige Singen der hohen Kinderstimmen:

Summer, Summer, Summer,
Ich bin a kleener Pummer,
Ich bin a kleener Keenich,
Gat mer nich zu wenig...

Es war ein hübscher uralter Brauch, von dem die Volkskundler behaupten, er gehe auf eine slawische Frühlingsfeier zurück und auf die Bekehrung des Polenkönigs Mizislaus zum Christentum am Lätaresonntag 965. Wenn die Kinder den Sommer ansangen und den Winter oder den Tod austrieben, hob man unwillkürlich die Nase in die Luft und schnupperte, ob man nicht schon die milden Frühlingslüfte vom Süden, vom mährischen Becken her, wehen spürte.

Ich bin wohl ebenso alt gewesen wie meine Tochter im Jahre 44, als ich, gerade des Lesens mächtig, in unserer bescheidenen großherzoglich weimarischen Volksschulzeitschrift einen harten Lesebrocken vorgesetzt bekam, der mich eine Flucht nach vorn, das heißt zur klugen Mutter, antreten ließ. Sie konnte mir das Gedruckte mangelhaft deuten. Da stand als Überschrift: ›Heem, suste nischt ack heem‹, und dazu war ein Herr mit altmodischem Schlapphut und ebenso alt-modischem Voll-

bart abgebildet, über dessen unstetes Leben (»Mama, was ist unstet?«) berichtet wurde. Vielleicht hatte man das deshalb getan, weil der Herr – er hieß Carl von Holtei – bei unserm großherzoglichen Landesdichter Goethe ein paarmal zu Gast gewesen war.

Später erfuhr ich, daß Goethe diesen liebenswerten Herrn und mittelmäßigen Dramatiker in seinem Heim mehr freundlich-nachsichtig als besonders ehrenvoll behandelte. Einmal sangen die Goethe-Enkel Lieder des literarischen Hans-Dampf. Großvater Goethe deutete hernach mit spitzem Finger auf den Autor und sagte ironisch: »Nun seht euch diesen Mann an! Das ist der, welcher das dumme Zeug gemacht hat.« Und er, der doch selbst ein auch quantitativ riesiges Werk produziert hatte, meinte, angesichts der allzu fixen Massenproduktionen des Breslauers, es scheine ihm das Schreiben sehr leicht zu werden, »aber er sollte sich's nicht so leicht machen.« Die reservierte Freundschaft des Olympiers endete dann sogar mit einem Mißklang. Als der immer ein bißchen geschwätzige Holtei bei Goethe an die noch nicht verharschte Wunde vom Tod seines Sohnes August rührte, zog sich der große Alte grollend und ohne Abschied zurück. Wer uns hier interessiert, ist weniger der fleißige Bühnendichter, der tüchtige Schauspieler, Dramaturg und Theaterleiter, als der erste wirkliche schlesische Mundartdichter – nach des Andreas Gryphius barocken Versuchen. Lustig, daß Holtei gar nicht aus einer urschlesischen Familie, sondern von ziemlich frisch importierten Baltendeutschen abstammte. Er besingt im Dialekt den Zobten, den ›Zutabärg‹ lang und breit, und die Strophen rinnen ihm frisch und geläufig weg wie's Wasser. Sein Heimweh war auch so tragisch nicht, wie es den Heutigen klingt. Im Grunde wollte Holtei gar nicht ›heem‹. Das Komödiantenblut trieb ihn von Ort zu Ort. Er spielte Theater von Graz bis Riga, von Paris bis Wien, war immer mal wieder in Schlesien und starb am Ende im Breslauer Brüderkloster, in dessen Bibliothek ich während der Belagerung 45 seine wenn auch allzu breiten, doch immer noch in vielen Einzelzügen köstlichen Erinnerungsbücher fand. Der Knabe Carl hatte schon mit 24 Jahren begonnen, Lebenserinnerungen zu schreiben, und für mich Breslauer Kellerassel war es kurios, auch darin Kellererlebnisse in einer Festung Breslau aus dem Jahre 1807 zu finden.

›Von adligem Geschlecht und christlichen Eltern geboren worden anno 1552, montags nach Johannis auf dem fürstlichen Haus und Schloß Gröditzberg... Hab da zu Mertschütz zum Dorfschreiber George Pentzin gehen müssen und allda zwei Jahre schreiben und lesen lernen, denn ich war bald risch.‹ Ein risches Kind war ein aufgewecktes Kind, und das muß der nachmalige Ritter Hans von Schweinichen gewesen sein, daß er in zwei Jahren schon die Grundschule absolviert hatte. Nach einer kurzen landwirtschaftlichen Tätigkeit als recht nichtsnutziger Gänsehirt, der seinen Gänsen mit Hölzchen die Schnäbel ›spellte‹, kommt er schon mit zehn Jahren zu Ihrer fürstlichen Gnaden, Herzog Friedrich III. von Liegnitz, wo er es rasch zum Kellermeister und Blasrohrverwalter bringt. Nur wenige Jahre später beginnt für ihn ein Leben, das die saftigsten, derbsten und amüsantesten Memoiren im

Gefolge des ›Simplicius Simplicissimus‹ hervorbringt. Mit einem Schwert für 34 Weißgroschen an der Seite führt er ein Reise- und Phantastenleben als Kammerjunker und Reisemarschall des tollen Heinrich XI., eines Pumpgenies und Schnorrerherzogs.

Der Junker Schweinichen ist dabei, als sein Fürst die Krone von Polen so vergeblich zu erringen versucht wie die Hand der Elisabeth von England. Er macht Fürstenhochzeiten und Begräbnisse mit, begießt vor freudigem Erschrecken eine nackte Jungfer der alten Liegnitzer Herzogin mit kaltem Wasser, ›weil ich zuvor kein nackend Weibsperson gesehen‹, so daß die alte Fürstin lachend ausruft: »Mein Schweinlein wird gut werden.« Und er wurde wirklich immer besser und besser und ein immer größeres Schweinlein. Reist als Ritter lustvoll von Hof zu Hof und von Bett zu Bett, ohne sich eine Ehe zuzuziehen. Er steht sprachlos vor den Reichtümern des Fürsten Marx Fugger zu Augsburg und fällt, angesichts aller fürstlichen Zelebritäten, mit einem Weinschiff aus venezianischem Glas auf dem glatten Marmorboden rücklings hin. Von der Hochzeit eines böhmischen Adligen hat er uns eine Küchenaufstellung hinterlassen, die die kühnsten Freßvisionen des Dichters Rabelais übertrifft: das reicht von 113 Hirschen, 98 Wildschweinen, 2224 Hasen bis zu 22 687 Krammetsvögeln, 15 888 Hühnern und Kapaunen bis zu 15 800 Karpfen, 40 837 Eiern, 5 Tonnen Austern und 6405 Eimern Wein. Wohl bekomm's – wenn es wahr ist...

Mit 25 erlebt der alkoholfröhliche Ritter einen wilden Mummenschanz in einem Kloster mit adligen Nonnen. Maskiert reiten der Herzog und sein Reisemarschall mit knusprigen Nönnlein durchs Gelände, und diesmal kommt der Herzog höchstpersönlich samt Roß und Gottesbraut in einer Pfütze zu Fall, so daß ›Ihre Fürstliche Gnaden müssen ausgewaschen werden.‹ Doch entgeht auch eine der lustigen Damen dem Fall nicht: Eins der Nönnlein, ›ein schön Mensch von Adel, des Geschlechts eine Reckin‹ (von der Recke), ›bekommt ein klein Kindlein‹. Ob der Herzog oder sein Schweinlein der Erzeuger gewesen ist, wird nicht gesagt... Als der 28jährige Ritter Schweinichen durch List und Tücke des Herzogs ins Brautbett der Jungfrau Margarethe Küttlitz plumpst, hört das fröhliche Wanderleben auf. Mit Schulden, Gicht und einer zweiten Ehe senkt sich später der dunkle Vorhang über einem schlesischen Lebenslauf, der nicht minder bewegt war als ein Vierteljahrtausend danach der des Komödianten, Poeten und Rhapsoden

Holtei. Übrigens hat Alfred Neumann einen sehr farbigen Roman über ihn geschrieben.

Was aber sagt ein echter Breslauer, wenn er solche Geschichten hört? Wahrscheinlich »Lerge!«

Dieses wohl meistgebrauchte Kennwort der Breslauer muß hier zum Schluß erwähnt werden. Es umfaßt eine Ausdrucksskala und einen Empfindungsbereich von Liebe, Lust und Schmerz wie in Bayern oder Schwaben das Zitat des Goetz von Berlichingen. Gerhart Pohl schrieb darüber: »Lerge«, sagt man breslauisch zu seinem Todfeind wie zu der Geliebten. »Lerge«, ruft man, wenn man das Große Los gewonnen hat oder ins Gefängnis muß. Es ist ein breslauisches ›Ur-wort, orphisch‹. Oh, Lerge.

Aber damit sind wir schon im nächsten Kapitel.

10. Kapitel
In Palästina, Breslau und anderswo

Eine Lerge in Israel

Es war in Safed, der höchstgelegenen Stadt Israels mit ihren bunten Künstlerhöfen und den vielen Synagogen, als wir auf einem steilen Pfad der Altstadt ein altes Weiblein mit Kopftuch trafen. Sie blieb stehen und redete uns an: »Ach, Sie sprechen deutsch? Woher sein Sie denn?« Unser Begleiter, Ernst Hamburger aus Nahariya, sagte, er selbst stamme aus Schlesien, und wir seien seine Gäste aus Deutschland. »Aus Schlesien?« rief sie erfreut. »Ich bin aus Breslau!« Sie zeigte das KZ-Brandmal auf ihrem Unterarm. »Ich war ja im Lager. Nu leb' ich hier...« Jetzt sagte auch ich, daß wir in Breslau einmal zu Hause gewesen seien, und mich des Ur- und Kennworts der Oderstadt erinnernd, fragte ich die alte Frau: »Wissen Sie noch, was eine Lerge ist?« Da verklärten sich ihre runzligen Züge zu einem fröhlichen Grinsen, und sie verfiel unwillkürlich ins heimatliche Idiom, als sie ausrief: »Juju, 'ne Lerge.« Und plötzlich stand da angesichts der gelbblühenden, steinigen Hänge von Galiläa und des fern blauenden Sees Genezareth das Bild der uns einst gemeinsamen Heimat, aus der Menschen sie vertrieben hatten, die später selbst vertrieben wurden.

In Haifa sah ich im Fenster einer Konditorei ›Liegnitzer Bomben‹ ausgestellt, und jeder Schlesier weiß, daß diese Süßigkeit nichts mit Krieg zu tun hat. In Jerusalem besuchte ich den Maler Isi Aschheim. Er war einer der Lieblingsschüler Otto Muellers gewesen und ein guter Freund unserer Freunde Kowalski. Als Lehrer und späterer Direktor der Belazel-Kunsthochschule in Jerusalem genoß er im Land hohe Achtung. Bewunderung fanden die psychologische Feinheit seiner figürlichen Darstellungen, die farbliche Delikatesse seiner Landschaftsmalerei und die expressive Kraft seiner Graphik. Namhafte Galerien und Museen Europas erwarben Bilder von ihm, und auf der Biennale von Venedig war er zweimal vertreten. Doch, trotz internationalen Wirkens, blieb sein Herz der alten Heimat treu. Er hatte die gleiche überströmende gastfreie Herzlichkeit, wie sie unser gemeinsamer

Freund Kowalski besaß. »Wissen Sie, daß ich hier sogar ein paar Breslauer unter meinen Schülern habe!«, sagte er mir an jenem Nachmittag in seinem Haus in der Jerusalemer Neustadt mit strahlender Freude. Wundert es einen dann noch, daß die ausgestoßenen Söhne der Mutter Schlesien drüben in Israel ihren Schlesierverband haben? Daß dort Menschen die Erinnerung an die Heimat pflegen, denen sie die bittersten Qualen bereitete? Deren nächste Angehörige gemordet wurden. Auschwitz lag Schlesiens Grenzen schrecklich nahe.

›Das Lied verstoß'ner Söhne‹ aus dem Gedicht des Emigranten Max Herrmann-Neiße – in Palästina wurde es noch vor der Staatsgründung Israels angestimmt. In der Heimat waren diese Juden treue Preußen, überzeugte Deutsche gewesen. Ernst Hamburger aus Landeshut, der freiwillig, unbezahlt und unbezahlbar in Israel für die deutsch-jüdische Versöhnung wirkt und vor allem deutsche Jugendgruppen drüben betreut, ist schon im Ersten Weltkrieg als Kriegsfreiwilliger, später als dekorierter Offizier in demselben Land gewesen, das ihn hernach als ausgestoßenen Flüchtling aufnahm. Ein Schicksal von vielen... Als man den aus Bernstadt im Kreise Oels stammenden Maler und Dichter Ludwig Meidner – schon in hohen Jahren – einmal als Deutschen und Juden preisen wollte, antwortete er: »Ich bin ein fanatischer Mittelschlesier.« So früh es ging kehrte er aus der englischen Emigration in das Land zurück, »wo man deutsch spricht und deutsch schreibt«. Er hatte die Qual des Emigrantenschriftstellers empfunden, von der Muttersprache und ihrem lebendigen Wachstum ausgeschlossen zu sein. Viele deutsche Juden hat das in den Tod getrieben: Tucholsky, Stefan Zweig, Hasenclever. Das Werk anderer hat es in entscheidenden Entwicklungsjahren verkümmern lassen oder zur Wirkungslosigkeit verdammt.

Ein mystischer Gottsucher wie Meidner war Paul Mühsam gewesen, der in Görlitz, der Heimat Jakob Böhmes, lebte. Er suchte wie Böhme die Allreligion, die alle Konfessionen überbrückende Religion reinen Menschentums. Von ihm stammt das schöne Wort ›Die Menschheit hat nur einen Feind: sich selbst. Und es gibt nur einen gerechten Krieg: den gegen den Krieg.‹ Man hat den Gottsucher und Böhme-Adepten im Jahre 33 in Görlitz mit andern Juden durch ein Spalier gaffender, höhnender Menschen getrieben. Menschen? Sein Werk blieb in der Fremde ohne Echo.

Wie ging es dem Breslauer Walter Meckauer, dem Freund Carl Hauptmanns? Seine farbige, vitale Erzählkunst hatte ihm frühen Ruhm eingebracht. Als er nach 19 Jahren der Emigration zurückkehrte, schrieb er ein Buch mit dem beziehungsreichen Titel ›Viel Wasser floß den Strom hinab‹. Es war zuviel Wasser den Oderstrom hinabgeflossen. Seine Wirkung blieb jetzt auf einen engeren Kreis beschränkt, auf Menschen aus dem Land Schlesien, ›dem ich mich trotz allen Wandlungen der Zeit mehr verbunden fühle als jedem andern Lande der Welt‹.

Auch dem größten schlesischen Epiker seiner Generation, dem 1887 in Groß-Glogau geborenen Arnold Zweig, der schon 1915 den illustren Kleistpreis empfing, wurde, nach Rückkehr aus seiner Emigration in Haifa, vor allem Verehrung für sein frühes Werk entgegengebracht. Man machte ihn zum Denkmal seiner selbst. Einer, der den Antisemitismus noch in seiner Kindheit kennengelernt hatte, als man den Vater zwang, sein Geschäft in Niederschlesien aufzugeben und nach Kattowitz zu übersiedeln, wurde in seiner Jugend zu einem leidenschaftlichen Deutschen. Im ersten Weltkrieg erfüllte er, wie er schreibt, ›freudig seine soldatische Pflicht‹. Und kam aus 13 Monaten des grauenvollen Verdun-Erlebnisses als Pazifist zurück. Ich erinnere mich noch, wie uns als junge Studenten im Jahre 1927 das Erscheinen seines Romans ›Der Streit um den Sergeanten Grischa‹ erregte und beglückte – ebenso wegen seiner erzählerischen Meisterschaft wie wegen der unbedingten Objektivität der Gestalten. Der aus deutscher Kriegsgefangenschaft entflohene und wieder aufgegriffene Grischa wird zum Spielball höchster militärischer Gewalten, des brutalen Oberbefehlshabers Schieffenzahn, der ein Abbild Ludendorffs ist, und eines untadeligen preußischen Generals von Lychow. Schieffenzahn siegt, Grischa wird erschossen – die deutsche Justiz verhüllt ihr Haupt. In einer Zeit, als in München schon braune Kolonnen marschierten, bewegten uns Zweigs beschwörende Worte: »Um Deutschland geht es..., daß dies geliebte Land nicht verkomme, während es zu steigen glaubt... Denn wer das Recht verläßt, der ist erledigt.«

Ende der 50er Jahre lernte ich in der Akademie der Künste in Westberlin Arnold Zweig kennen. Er war aus Ostberlin, wo er nun lebte, herübergekommen, um Oskar Maria Graf zu treffen. Fast blind, mit seiner dicken Brille, war er eine rührende Gestalt. 1933 hatte er geschrieben, daß erst der Kommunismus dem Judentum die Gleichberechtigung und volle Sicherheit der Existenz bieten werde. Zweifelte er damals schon daran? Daß die ausgetriebenen, in die Emigration gejagten Juden nur in *eine* Hälfte ihres ›geliebten Landes‹ zurückkehren konnten – schon das gehört zu ihrer Tragödie.

Vielleicht gab es eine Rückkehr überhaupt nicht in eine regionale geographische Heimat, sondern nur in die Muttersprache. Max Tau hat sie als seine ›unverlierbare Heimat‹ bezeichnet. Dieser Oberschlesier aus Beuthen, in einem frommen jüdischen Haus aufgewachsen und in Berlin als Verlagsmann schon früh in die Kreise von Bruno Cassirer, Samuel Fischer und Ernst Rowohlt gekommen, hat sein Flüchtlingsland in Norwegen gefunden. Er ist dort geblieben und hat in drei Büchern voll unbestechlicher Wahrheitsliebe sein Leben beschrieben. Auch ihm blieb die Liebe zur schmerzlich vermißten Heimat. Doch behielt er auch die Liebeskraft der Versöhnung: Versöhnung zwischen Deutschen und Juden. Darüber schreibt in Oslo, dafür spricht immer wieder in seinen beiden Ländern dieser zarte Mann mit der großen Kraft der Güte.

Einer sehr tragischen Heimkehr sei noch gedacht: der des Breslauers Alfred Kerr, des Weinhändlersohnes von der Schuhbrücke. Dieser Kritiker von blendendem Intellekt, von oft messerscharfer Ironie, der waghalsige Sprachakrobat, hat im Jahre 1920 seiner Heimatstadt eine Liebeserklärung voll Herzenswärme und voll impressionistischem Zauber geschrieben. Darin heißt es:

›Den Erdkreis hat man durchmessen, zu Wasser und zu Land, um diese Heimat spät mit den Augen eines Gastes wiederzusehen – und zu wissen, wie herrlich sie ist.‹

Aus dem großen Liebenden wurde ein ebenso großer Hasser, als die Nazis Kerr die deutsche Staatsbürgerschaft aberkannten. Er nannte sie ›Mob, der Nietzsche gelesen hat‹. Er verzieh dem einst verehrten Gerhart Hauptmann nicht ›seine allzu olympische Haltung während des Krieges‹. Und dann kam in London sein 75. Geburtstag, gefeiert in einem kleinen Emigrantenkreis. Sein Schriftstellerkollege Alfred Unger gehörte dazu und hat darüber berichtet. Nach allen Laudationen ergreift der Geehrte ein handgeschriebenes Blatt und beginnt ein Gedicht vorzulesen:

Wenn ich noch einmal die Jugend umfinge
– Grüne Zeiten im lieblichen Licht –
Wenn ich noch einmal nach Deutschland ginge...

An dieser Stelle kann Kerr nicht weiterlesen. Er schluckt, bewegt tonlos die Lippen, Tränen kommen in seine Augen... ›Hier geschah etwas Erschütterndes‹, schreibt Unger. ›Und uns allen war in tiefster Seele bewußt, was hier geschah. Es schnürte jedem von uns den Hals zu, wie es Kerr den Hals zuschnürte.‹ Aber dann macht sich der alte Mann mit einem Ruck von dieser Erregung frei, stampft mit dem Fuß auf... und beginnt von vorn, zunächst ein wenig monoton, dann mit zunehmender Wärme:

Wenn ich noch einmal die Jugend umfinge
– Grüne Zeiten im lieblichen Licht –
Wenn ich noch einmal nach Deutschland ginge...
(Ich tu's aber nicht!)
Dann tränk' ich im schwärmenden Überschwang
Deutschen Wein einen Sommertag lang!

Das Gedicht endet mit:
Ich trink ihn nimmer! Doch träum ich davon.

1948 lud ihn die Stadt Hamburg zu einem Besuch ihrer Theater ein. Der Heimwehkranke flog von London an die Alster. Vom Hotel geht er ins Theater, wieder deutsche Bühnenluft zu atmen. Mitten in der Vorstellung wird ihm übel. Man bringt ihn ins Hospital... ›Er trank ihn nimmer‹, endet der Bericht des Freundes Unger. Das Archiv mit den bedeutenden Dokumenten von Leben und Wirken Alfred Kerrs ist durch eine Stiftung von Frau Julia Kerr in ›sein‹ Berlin und dessen Akademie der Künste zurückgekehrt.

Vom mühsamen Seligmann bis zum Kolonialhelden

Einst machte die hier oft gerühmte schlesische Toleranz vor bestimmten Mitbürgern halt: vor den Juden.

Im Siebenjährigen Krieg zeichnete sich Seligmann Pincus Pappenheim bei Leuthen durch besondere Tapferkeit aus. Er befreite einen schwerverwundeten höheren Offizier Friedrichs des Großen aus österreichischer Gefangenschaft und schleppte ihn auf seinem Rücken durchs Feuer in ein preußisches Feldlazarett. Der König ließ Seligmann in sein Quartier, das Schloß zu Lissa, kommen und versprach dem tapferen Soldaten, ihm jederzeit gnädig zu sein. Diese Gnade brauchte der sehr bald, als er, jung verheiratet, sich in Pitschen niederlassen wollte. Der Magistrat verweigerte dem Juden sogar dann den Zuzug, als eine königliche Kabinettsorder ihn dazu zwingen wollte. Man schrieb nach Berlin voll intolerantem Stolz, daß die Gemeinde ›als eine der ältesten Städte in Schlesien judenrein geblieben sei‹.

Vier Jahre lang wurde erfolglos hin- und herprozessiert, bis der ehemalige Soldat sich des Versprechens seines Königs erinnerte und samt seiner Frau Barbara in bitterster Winterkälte nach Potsdam reiste. Friedrich zeigte sich so huldvoll, wie es ein König sein soll, und bekräftigte

sein Versprechen von Lissa. Die Kriegs- und Domänenkammer mußte den Pitschenern befehlen, ihren Mitbürger Pincus Seligmann aufzunehmen ›und der Bürgerschaft alle Aufwiegelungen und Unordnungen bey unausbleyblicher Straf und Ahndung zu untersagen‹.

Und der Alte Fritz erlaubte sich obendrein noch einen freundlichen Scherz: ›Weil seine Heldentat in der Schlacht bei Leuthen mühsam gewesen sei und er mühsam sein Recht habe erstreiten müssen, solle Pincus Seligmann in Zukunft den Namen Mühsam führen, damit seine Nachkommen wüßten, daß ihr Ahn ein braver Soldat und treuer Untertan seines Königs war.‹ Ein tapferer Jude hatte über den Antisemitismus obgesiegt. Paul Mühsam, der Dichter und Mystiker, und Erich Mühsam, der Lyriker, Dramatiker und Revolutionär, gehörten zu diesen Nachkommen.

Wollte man die Bedeutung der Juden für das Land Schlesien und seine Hauptstadt gebührend rühmen, bedürfte es dazu eines eigenen Buches. Daß Breslau geistig ärmer, farbloser und provinzieller wurde, als es, infolge eines späten Rückfalls ins Mittelalter, seine Juden vertrieb, ist ein Schicksal, das es mit anderen deutschen Großstädten teilen mußte. Was hatte die deutsche Universität jüdischen Forschern aus Schlesien zu verdanken! Paul Ehrlich aus Strehlen bekam bereits 1908 den Nobelpreis. Mit Emil Behring zusammen entdeckte er das Diphterieserum, später das Salvarsan. Der Nobelpreisträger Warburg sagte einmal: »Ehrlich vollbrachte eine der größten wissenschaftlichen Leistungen aller Zeiten.« Durch ihn bekam die deutsche Medizin Weltgeltung.

Ehrlichs Mitschüler im Maria-Magdalenen-Gymnasium zu Breslau war Albert Neißer aus Schweidnitz, als Entdecker der Gonokokken und Lepraforscher ein Mann von internationalem Ruf. Ein Breslauer war auch der 1868 geborene Fritz Haber, Nobelpreisträger von 1918, den nach seiner Vertreibung die Universität Cambridge mit Freuden aufnahm. Das Haber-Bosch-Verfahren befriedigt noch heute den Stickstoffbedarf der Welt. Haber war ein glühender Patriot, der sich den Traditionen des Preußentums verpflichtet fühlte. Er bekannte seine Einstellung, daß im Krieg der Gelehrte ›wie jedermann dem Vaterland gehöre, im Frieden aber der Menschheit‹. Max Born, Nobelpreisträger von 1954, wurde 1882 in Breslau geboren und machte die Universität Göttingen zur Hochburg der theoretischen Physik. Auch er ging nach der Vertreibung im Jahre 1933 zuerst nach Cambridge, später nach

Edinburgh. Als seine Schüler Oppenheimer, Teller und Fermi die Atombombe entwickelt hatten, schrieb er: ›Es ist schön, so kluge Schüler gehabt zu haben. Dennoch wünschte ich, sie wären weniger klug als weise gewesen. Es war wohl mein Fehler, wenn sie von mir nur Methoden der Forschung und nichts weiter gelernt haben.‹ In seinen letzten Lebensjahren hat er in Bad Pyrmont an der Vermenschlichung der Wissenschaft philosophisch zu arbeiten versucht. Die bittere Erkenntnis eines alten Mannes lautete: ›Es scheint mir, daß der Versuch der Natur, auf dieser Erde ein denkendes Wesen hervorzubringen, gescheitert ist.‹ Max Born starb im Januar 1970.

Auch unter der nachfolgenden Ehrenliste schlesischer Nobelpreisträger sind jüdische Mitbürger gewesen, die gezwungen wurden, ihre für die gesamte Menschheit wichtigen Forschungen im Ausland weiterzuführen oder abzuschließen: Friedrich Bergius, geboren 1884 in Goldschmieden bei Breslau, Nobelpreis für Chemie 1931 (zusammen mit Carl Bosch).

Otto Stern, geboren 1888 in Sohrau, Oberschlesien, Nobelpreis für Physik 1943. Kurt Alder, geboren 1902 in Königshütte, Nobelpreis für Chemie 1950. Maria Goeppert-Mayer, geboren 1906 in Kattowitz, Nobelpreis für Physik 1963.

Konrad Bloch, geboren 1912 in Neiße, Nobelpreis für Medizin 1964.

Neben Forschern von Weltruf hat das jüdische Schlesien große Förderer der Wissenschaften und der Künste hervorgebracht. Das Haus von Max Pinkus in Neustadt in Oberschlesien wies die größte Sammlung schlesischer Literatur auf. Gerhart Hauptmann nannte Freund Pinkus einen ›Magier der Tempelzelle‹. Er gehörte zu den wenigen, die es wagten, im Juni 1934 dem Sarg des Mäzens zu folgen. Er widmete seinem Andenken das einaktige Drama ›Die Finsternisse‹ mit dem Untertitel ›Requiem‹.

Im Hause Neißer, dessen Musiksaal Fritz Erler ausgemalt hatte, verkehrte auch der heute in New York lebende und 1875 in Breslau geborene Maler Eugen Spiero, dessen erste Frau die eine zeitlang in Breslau engagierte Tilla Durieux wurde. Spiero, der Porträtist der großen Gelehrten seiner Zeit, der Dichter (Gerhart Hauptmann!), der Theaterleute und der musikalischen Prominenz Europas, wurde 1935 zur Flucht gezwungen. Als 70jähriger hatte er den Mut, in New York noch einmal von vorn anzufangen. Seine Bindung an das religiöse Judentum blieb eng, und er malte dessen große Männer Buber, Nahum Goldmann und Leo Baeck.

Der jüdische Kaufmann Sachs, der als Besitzer kleiner Läden in Breslau der ›Knöpfe-Sachs‹ genannt wurde, machte bedeutende Stiftungen an das Schlesische Museum der bildenden Künste. Die Familie des aus Breslau stammenden und heute in Detroit wirkenden Kunsthistorikers Ernst Scheyer – die schlesische Kunst steht für ihn noch immer im Mittelpunkt seiner Forschung und Lehre – bildete einen hochgeistigen Zirkel von Kunstfreunden, Sammlern und Mäzenen. Seinen in Israel lebenden Bruder nannte Ernst Scheyer einmal einen ›ewigen Preußen‹.

Eine der größten Persönlichkeiten des jüdischen Breslau war ein Politiker: Ferdinand Lassalle, ›dieser noble Weltbürger und Patriot, der die Befreiung der Menschen aus der Knechtschaft der Mechaniken von Wirtschaft und Gesellschaft und die Umwandlung des Machtstaates in den Kulturstaat durch das Zusammenwirken aller mündigen Bürger auf sein Panier geschrieben hatte‹ (Carlo Schmid).

Breslau interessierte den aus einer assimilierten jüdischen Familie stammenden Revolutionär weniger aus Heimatbezogenheit als aus historischem Interesse. Es war ihm die Stadt der Reformen von Stein und Hardenberg, die Stadt der Erhebung gegen Napoleon. Die Berliner Salons, das Fluidum von Paris, wo Heinrich Heine ihn als ›neuen Mirabeau‹ pries, gaben ihm entscheidende Eindrücke. Der grandseigneurale, elegante Mann, ›die tumultuarische Persönlichkeit‹ (Hermann Oncken), faszinierte sowohl die Gräfin Hatzfeld, für deren Ehescheidung er in Düsseldorf einen zehnjährigen Prozeß führte, wie die Arbeiter, die zu Tausenden in seine Versammlungen strömten. Er wollte den verachteten vierten Stand durch ›eine allgemeine demokratische Volksbewegung‹ – und keine bloße Klassenbewegung – ›in den Staat integrieren‹. Er führte wegen seiner Arbeiterpolitik sogar einen höchst bemerkenswerten Briefwechsel mit Bismarck. Den Berliner Proletariern warf er ihre ›verfluchte Bedürfnislosigkeit‹ vor. Sein Tod im Duell auf Grund einer Liebesaffäre mit der exzentrischen Helene Dönniges ließ mit nur 41 Jahren das kometengleich verglühte Leben auf einem Breslauer Friedhof enden. Wie eine Kreuzung von Moritat und Trauercarmen wirkte das Lied seiner verwaisten Genossen:

Zu Breslau ein Kirchhof,
Ein Toter im Grab,
Dort schlummert der Eine,
Der Schwerter uns gab.

Junge Menschen unserer Tage berufen sich darauf, daß Lassalle in seiner eleganten Berliner Junggesellenwohnung für Literaten und Aristokraten die vielleicht ersten Haschisch-Parties gab, für die ihm der Ägyptologe Heinrich Brugsch den Stoff aus Persien verschaffte.

Ein zweites jüdisches Schicksal aus Schlesien verlief womöglich noch sensationeller und endete mindestens ebenso dramatisch. ›Jude von Arabern ermordet‹, würde heute die Schlagzeile über das Ende von Emin Pascha lauten, dessen Geschichte wir als Schulbuben nicht minder aufgeregt lasen als die Romane des Karl May. Der heutigen Jugend sagen die Namen Gordon, Stanley und Emin Pascha nichts mehr. Uns regte dieses Stück Welt- und Kolonialgeschichte noch ebenso auf wie die Generation unserer Großväter in der zweiten Hälfte des 19. Jahrhunderts. Ihr Held Emin Pascha war 1840 unter dem Namen Eduard Schnitzer als Kaufmannssohn im friedlichen Oppeln geboren worden. Er promovierte an der Universität Breslau zum Dr. med., hielt es aber plötzlich in dem bürokratischen ›tintenklecksenden Saeculum‹ nicht aus und stürzte sich ohne Abschlußexamen ins Abenteuer. Er ging in die Länder, die schon andere Schlesier, den barocken Quirinus Kuhlmann und den Fürsten Pückler-Muskau, verlockt hatten: in den Orient. Dort gärte es in jenen Tagen. Engländer und Deutsche fingen an, Kolonialreiche zu gründen, verquickten edle Programme – die Ausrottung der Sklaverei – mit imperialistischer Machtpolitik. Cecil Rhodes, Gordon, Stanley, Livingstone, Carl Peters – das sind die großen Namen dieses blutigen Schauspiels, dessen Hauptdarsteller für einige Zeit der oberschlesische jüdische Medizinalpraktikant Eduard Schnitzer wird. Als Leibarzt des Gouverneurs der ägyptischen Äquatorialprovinz (des heutigen Sudan), des Engländers Gordon, beginnt er seine Laufbahn. Jahre später wird er selbst als Gouverneur Gordons Nachfolger. Ihm war es sehr ernst mit der Ausrottung des Sklavenhandels – er hatte in seiner Jugend selbst bitter genug unter Rassenvorurteilen gelitten. Millionen von Negern gewann er dadurch als loyale Untertanen. Seine friedliche Kolonisierungsarbeit wurde durch den Mahdistenaufstand unterbrochen. Ein Araberführer machte sich zum Mahdi, dem verheißenen Messias der Mohammedaner, schlug die englischen Regierungstruppen und eroberte Khartum. Gordon fiel. Emin Pascha saß als absoluter Herrscher abgeschnitten, wie in einer Festung, fünf Jahre lang mitten in Zentralafrika. Stanleys Hilfsexpedition drang seit 1887 von Westen her zu ihm vor, von Osten her setzte sich Carl Peters mit dürftigen Hilfstruppen in Bewegung. Als Stanley sich 1888 mühsam durchgekämpft hatte, fand er Emin Pascha als Gefangenen seines eigenen Volkes, das, angesichts der vorrückenden Kolonialtruppen, an ihm irre geworden war. Seine Befreiung durch Stanley wurde für ihn der Anfang vom Ende. Der Humanist und Forscher wandelte sich endgültig zum Soldaten. Emin Pascha trat in den Dienst des Deutschen Reiches und eroberte ihm in Zentralafrika neue Provinzen. Der Medizinalpraktikant aus Oppeln hißte die Flagge Schwarz-Weiß-Rot in mehreren Provinzen des schwarzen Erdteils. Aufständische Araber rächten den Tod ihres Mahdi. Grausam und brutal ermordeten sie Emin Pascha auf einer seiner jähen Expeditionen.

Einer, der solche brutalen Abenteuer nur im Geist und im warmen Stübchen erlebte, gehört noch hierher. Er hatte sich einen nicht minder anspruchsvollen Namen zugelegt: Sir John Retcliffe. Auch er ist Schlesier gewesen, wenn auch kein Jude. Unter dem bürgerlichen Namen Hermann Goedsche wurde der falsche ›Sir‹ 1816 in Trachenberg geboren. Als kleiner preußischer Postbeamter fing er an, in Zeitungsausschnitten Welt- und Zeitgeschichte zu sammeln, die er später in Romanform zu riesigen Wälzern verarbeitete: 4 Bände ›Sebastopol‹, 3 Bände ›Nena Sahib‹, 4 Bände ›Villafranca‹, 2 Bände ›Das Ende Caesars‹. Und so weiter, und so weiter... In den zwanziger Jahren kamen noch einmal 35 Bände des fleißigen Postlers und flotten Literaturhandwerkers, dessen Lebensbogen von Trachenberg bis Warmbrunn reichte, in einer Neubearbeitung heraus. Immerhin wurde er dazwischen mal Journalist an der konservativen ›Kreuzzeitung‹ und kreuzte dabei den Zeitungsweg Fontanes. In unseren Tagen würde der Mann mit der ins Kolossalische ausschweifenden Phantasie als Drehbuch- und Fernsehautor beachtliche Chancen haben.

11. Kapitel
Adel

Vom ostelbischen Adel gab es einmal durch Karikaturen bestimmte Klischeevorstellungen, die heute noch nicht ausgerottet sind. Der specknackige Junker, der arrogante Korpsstudent mit zerhackter Visage, der monokeltragende ›Äh-Äh‹-Leutnant. Solche Typen hat es natürlich in der Wirklichkeit ebenso gegeben wie in der k. u. k. Doppelmonarchie der vertrottelte Graf Bobby seine lebenden Vorbilder gehabt hat. Dem märkischen Adel hat der unbestechliche Theodor Fontane sein Denkmal gesetzt. Der schlesische ebenso wie der ostpreußische Adel hat es sich errichtet durch seine Haltung im Widerstand gegen das Nazireich, durch seine Blutopfer nach dem 20. Juli. Helmuth von Moltke, Generalfeldmarschall Erwin von Witzleben, Peter Yorck von Wartenburg, der Urenkel des Mannes von Tauroggen, sind schlesische Aristokraten gewesen. Sie waren führende Kräfte jener deutschen Opposition, von der Churchill schon 1946 sagte: »Sie gehörte zum Edelsten und Größten, was in der politischen Geschichte aller Völker je hervorgebracht wurde.«

Tradition, gegründet auf Kultur und Urbanität, hat viele schlesische Aristokraten zu Männern des demokratischen Fortschritts, zu Mäzenen des freien, aufrührerischen Geistes und oft selbst zu Rebellen werden lassen. Die ›internationale Versippung‹, die man ihnen nach 1933 ankreidete, machte sie zu Trägern einer übernationalen Gesinnung. Es braucht nicht statistisch nachgewiesen zu werden, daß kleinbürgerlicher Muff eine üblere Brutstätte für Völkerhaß und Rassismus werden kann, als es die Adelsschlösser gewesen sind.

Schlösser in Schlesien... Wir haben vom Schloß Buchwald des Grafen Reden und seiner tüchtigen Frau Fritze gesprochen, vom Schloß des Grafen Schaffgotsch in Warmbrunn mit seiner großartigen Bibliothek von 50000 Bänden, vom oberschlesischen Musensitz Carlsruhe. Es gab aber auch eine Hofkapelle im fürstlichen Schloß Löwenberg, die Mitte des 19. Jahrhunderts die Werke der kühnsten Neutöner, von Wagner, Liszt und Berlioz, zur Aufführung brachte. Daß der gotterleuchtete, von glühenden, tönenden Visionen heimgesuchte wandernde Schuster und Philosoph Jakob Böhme in Adelssitzen Schutz und gastliche Aufnahme fand, ist vielfältig bezeugt.

Weniger bekannt ist wohl die schlesische Episode im Leben des ›Wandsbecker Boten‹ Matthias Claudius, die er der Freundschaft des Grafen Christian August von Haugwitz verdankte. Für den Dichter aus dem niederdeutschen Marsch- und Weideland muß der Aufenthalt auf dem niederschlesischen Gut Rogau und in den ›wilden‹ Rübezahlgebirgen ein ungeheures Erlebnis gewesen sein. Ebenso wie die Landschaft beeindruckte den Niederdeutschen die heitere, leichtere Art der Menschen, ihr herzliches Gutsein, die ihn sehr lustig anmutenden Verkleinerungsformeln. Als er einen Brief an seine Frau Rebekka mit den Worten ›Addüs, mein lieb süß Herzel‹ schloß, glaubte er etwas sehr Schlesisches hingeschrieben zu haben. Ein schlesischer Graf Schlabrendorff verlieh ihm einen Ehrensold.

Für den Mann aus streng protestantischen Landen, den Sohn eines Pfarrhauses, hatte vor allem die schlesische Toleranz etwas sehr Faszinierendes. Der schwärmerische Christ Haugwitz, der ein christliches Europa als Bollwerk gegen die revolutionären Ideen Frankreichs schaffen wollte, hat in dem Holsteiner Lutheraner Verständnis für die Mystik, ja für den Katholizismus geweckt. Das ging so weit, daß Freunde wie Johann Heinrich Voß oder der Berliner Aufklärer Nicolai den durch Schlesien ›verdorbenen‹ Claudius in scharfen Polemiken attackierten. Dennoch blieb für den Dichter der poetische Glanz seines ›Creuzzugs nach Schlesien‹, so nannte er Herder gegenüber seine Reise, zeitlebens bestehen. Und die Schlesier wiederum hatte der Mann aus dem Norden so entzückt, daß es bald Claudius-Epigonen unter den Dichtern des Landes gab und daß 1812 eine in Hirschberg gegründete Zeitung dem Wandsbecker Boten dadurch huldigte, daß sie sich ›Bote aus dem Riesengebirge‹ nannte. Darin erschienen Gedichte im Wandsbecker Ton. Schlesien-Holstein, geistumschlungen...

Ein skurriler Dichter uns naher Tage, in manchen kleinen Gedichten der guten Herzenseinfalt des Matthias Claudius verwandt, hat nicht minder glückliche Zeiten in einem schlesischen Schloß verbracht: Joachim Ringelnatz. Am 4. Februar 1912 trat er seine Stellung als Bibliothekar beim Grafen Heinrich von Yorck auf Klein-Oels an. Die hochgebildeten Nachfahren des rebellischen Feldmarschalls von 1812 besaßen, neben ihrer großartigen Kupferstichsammlung, eine der berühmtesten Bibliotheken des Landes, in die schon ein Sohn des alten Generals die Bibliothek Ludwig Tiecks aufgenommen hatte. Die Enkel –

einer davon Militärschriftsteller und Historiker, ein anderer, der Geschichtsphilosoph Paul Graf Yorck – bereicherten sie vor allem durch bibliophile Kostbarkeiten. Der Philosoph Dilthey nannte den Grafen ›die genialste und größte Persönlichkeit, der ich nach Helmholtz begegnet bin‹. Der ehemalige Leichtmatrose Ringelnatz aus Wurzen in Sachsen hatte vor allem die Aufgabe, den Nachlaß Diltheys zu ordnen, Briefe von Scharnhorst zu edieren und die fünf Säle einnehmende Gesamtbibliothek zu katalogisieren.

In seinen Erinnerungen, ›Mein Leben bis zum Kriege‹, sind die Klein-Oelser Kapitel die bezauberndsten. Er bewundert den Grafen Heinrich, einen Dr. jur. et phil. h. c, als ›den belesensten Menschen, den ich je kennengelernt habe‹. Im Preußischen Herrenhaus, das oft nur starre Standestraditionen verficht, tritt er für die Pflege der humanistischen Bildung ein. Der glühende Verehrer der Antike läßt seine Kinder lateinisch und griechisch sprechen. Die Gräfin, eine geborene Berlichingen, liest griechische Dichter. Nach Tisch trägt der Graf seiner Familie Euripides vor.

Besonders hübsch sind die Schilderungen, die Ringelnatz, der damals noch Hans Bötticher hieß, vom Gutsleben auf Klein-Oels gibt. Ein schöner Frühling – ›jeden Morgen war etwas Neues grün, die leuchtenden Wiesenstriche bekamen bunte Krokusflecken‹ –, sommerliches Leben mit Gästen, Parknächte mit Theaterspiel und rosengeschmückten Festtafeln. Und immer die von ihm geliebten Kinder mitteninne: seine Lieblinge, die ›süße Komteß Daja‹, der ›besonders drollige kleine Peter‹, der einmal einer Hausdame eine Brosche für 20 Pfennige schenkt und der mit seinen Geschwistern auf Ponys den lustigen Bibliothekar, der ihnen tolle Seemannsgeschichten erzählt, umreiten will. Er sieht, wie die gräflichen Kinder vor Ostern ›Tannenreiser mit Papier verziert‹ singend durch den Park tragen. Die 13jährige Komteß Püzze bringt ihm das ›Sommersingelied‹ bei: ›Rot Gewand, rot Gewand, schöne grüne Linden‹ – mit vielen sonderbaren Strophen... Liebe und Kabalen beenden für den dichtenden sächsischen Bibliothekar die glückliche schlesische Zeit. 1944 wird die gräfliche Familie Yorck aus dem Schloß vertrieben, weil Graf Peter – ›der drollige kleine Peter‹ des Joachim Ringelnatz – zu den auf dem Schafott endenden Verschworenen vom 20. Juli gehört. Sonderbar, daß das letzte schöne Künstlerfest der zur Schließung verurteilten Breslauer Akademie im Jahre 1932 mit dem inzwischen berühmt gewordenen Kabarettisten Joachim Ringelnatz stattfindet, der bald auch zu den Verbotenen und Verfemten gehören soll. Und kurios, daß ich ein winziges Büchlein in der Brusttasche meiner Luftwaffenbluse über die dreimonatige Belagerung von Breslau, über Lazarett und Gefangenschaft hinwegrettete: Nicht den vielberufenen »Faust im Tornister«, nicht den Hölderlin der Kriegsfreiwilligen von 1914, sondern die erste dünne, kleine Ausgabe ›Kuttel Daddeldu oder das schlüpfrige Leid‹. Von Joachim Ringelnatz...

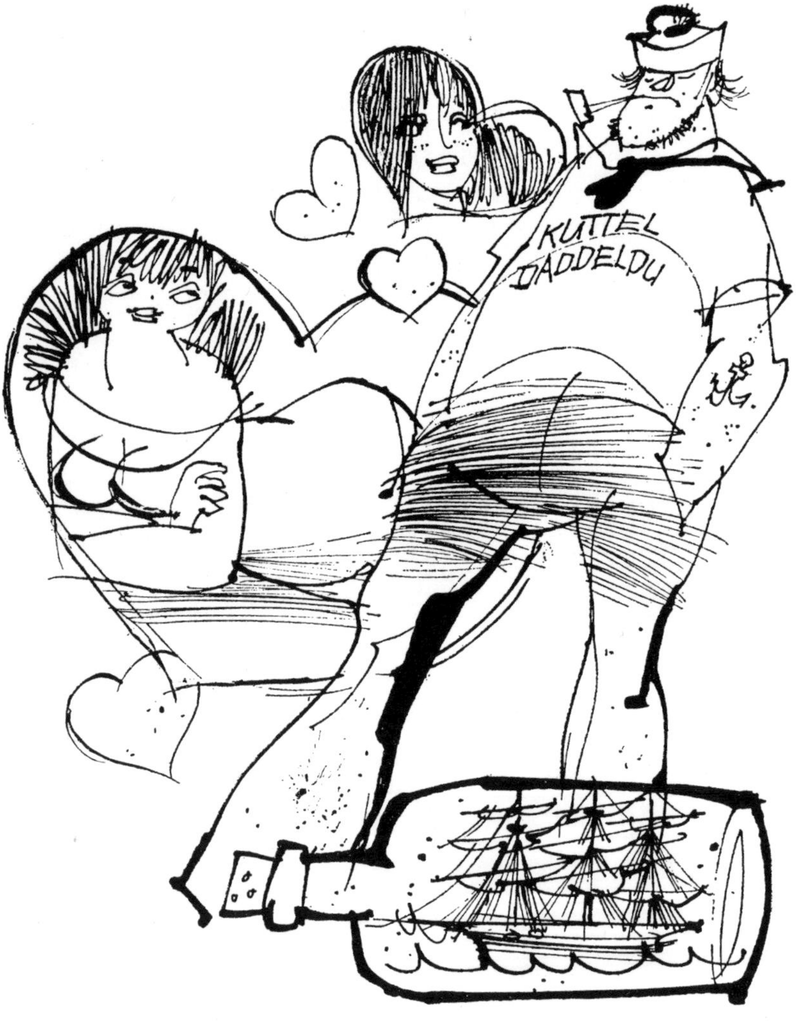

›Meine vaterländischen Gefühle, die Sorge um mein Deutschland, wie es in den letzten zwei Jahrtausenden gewachsen ist‹, hatten den im Jahre 1904 geborenen Peter Graf Yorck zur Mitarbeit im Kreisauer Kreis des Grafen Helmuth James von Moltke veranlaßt. Moltke, ein Großneffe des Oberbefehlshabers in den Kriegen von 1866 und 1870/71 und Sohn einer schottischen Mutter, Spezialist für Völkerrecht, das er auch in Oxford studierte, mußte aus Tradition, aus christlicher und sozialer Verpflichtung zum Gegner des Hitlerregimes werden. Er wurde Anwalt, um ihm nicht als Richter dienen zu müssen. Er hatte den Mut, eine Denkschrift gegen den berüchtigten Kommissarbefehl im Ostfeldzug herauszugeben. Er, der selbst Teile seines Gutsbesitzes freiwillig an Landarbeiter abgegeben hatte und der Sozialmaßnahmen in den alten Webergegenden des Bobertals anstrebte, verband sich in seinem Kreis mit christlichen Pädagogen wie Reichwein, mit Standesgenossen wie Peter Graf Yorck, Carl Dietrich von Trotha und Horst von Einsiedel und mit Sozialisten wie Julius Leber, Haubach und Mierendorff. Im Gegensatz zu restaurativ und klassenmäßig autoritär eingestellten Widerstandskreisen zeigten die Männer von Kreisau, wie Carl Zuckmayer in seiner Plötzenseer Rede vom 19. Juli 1969 sagte, ›die entschiedene Neigung zum Sozialismus oder wenigstens zu einer sozialen und demokratischen Gesellschaftsordnung und zu einer betont internationalen oder übernationalen Haltung‹.

Schlesische Aristokraten haben im zweiten Weltkrieg um des Friedens und der Freiheit willen durch Henkershand geendet, zur Rettung der geschändeten Ehre Deutschlands beigetragen. Ein junger Offizier von altem schlesischem Adel hat im ersten Weltkrieg das Opfer seines Lebens noch unter ritterlich-romantischen Umständen gebracht: Manfred Freiherr von Richthofen. Wie viele junge Flieger von 1914 war er vom Pferdesattel – er stand bei den Militscher Ulanen – in eines der wackligen Kriegsflugzeuge umgestiegen, in denen das Fliegen und Kämpfen etwas von waghalsiger sportlicher Sensation mit sich brachte. ›Le petit rouge‹ nannten die Franzosen das rote Maschinchen, das dem Himmelsjäger 80 Abschüsse gegnerischer Flugzeuge ermöglichte. Als der rote Kampfflieger selbst vom Himmel geholt worden war, setzte die britische ›Royal Air Force‹ den 26jährigen Offizier mit militärischen Ehren bei und warf ein Foto von seinem bekränzten Grab über den deutschen Stellungen an der Somme ab. Ihre Ehrensalve war der vielleicht letzte Salut des aussterbenden ritterlichen Krieges. Die Massenbombardierungen der kriegführenden Völker von 1939 bis 1945 haben ihn vergessen lassen. 1918: ein letztes bißchen wehmütigen Lorbeerdufts. 50 Jahre später: der kalte, technisierte Mord durch Napalmbomben.

12. Kapitel
Breslau, Glanz und Elend

Oft bedrängen mich in schlaflosen Nächten Bilder der Erinnerung. Noch nach einem Vierteljahrhundert sind sie so farbig oder so düster wie am ersten Tag.

Januar 1944. Mein Münchner Lehrer Artur Kutscher steht mit seiner hübschen jungen Tochter neben mir auf der Holteihöhe und schwenkt seinen Schlapphut hinauf zum bärtigen Bronzestandbild des Namensgebers. »Alter Barde«, ruft er mit leicht komödiantischem Ton dem liebenswürdigen Wander- und Lebenskomödianten aus Breslau zu. Der Professor, der zwei Vorträge im Schloß und einige theaterwissenschaftliche Vorlesungen an der Universität halten soll, schaut an diesem recht milden Wintertag entzückt über den Oderstrom hinweg auf die Dreiheit der gotischen Inselkirchen, auf den Dom von St. Johannis, die rustikale Sandkirche und die zarte, aristokratische Kreuzkirche. Da habe man nun, stellt er fest, seine Studenten auf Exkursionen nach Paris, Wien und Budapest, nach Moskau, Leningrad und Warschau, Sizilien und Tripolis, Spanien und Marokko geführt und diese außerordentliche Stadt, eine ruhmreiche Theaterstadt obendrein, darüber vergessen. »Das muß anders werden!«

Wir begannen in diesen schönen Tagen der Freundschaft, zu der sich die alte Schülerschaft entwickelt hatte, schon Programme zu schmieden. Wie für alle seine Studienfahrten hatte sich der ebenso lehr- wie lernfreudige Professor auch auf diesen ersten Breslau-Aufenthalt gut vorbereitet. Ob es wohl das Göllnersche Gartenhäuschen auf dem Bürgerwerder noch gebe, in dem Lessing als Sekretär des Generals von Tauentzien seine ›Minna von Barnhelm‹ geschrieben habe? Ich mußte verneinen. Doch konnte ich ihm das Langhans'sche Grabmal des Generals mitten im Verkehrsstrom der Stadt zeigen und den behäbigen Neumarkt mit der Brunnenfigur seines Neptun, den die Breslauer freundschaftlich Gabeljürge nannten. Da fiel dem belesenen Professor sogleich die Geschichte vom Kindlmarkt ein, auf dem der alte Barde in seinen Knabenjahren den Lessing in Gestalt eines Lebkuchens persönlich ›ufgefressen‹ zu haben behauptet. Denn Lessings Quartierwirt war ein Pfefferküchler auf der Schweidnitzer Straße gewesen, dem der Untermieter durch seinen lockeren Lebenswandel als Trinker und Spieler sehr mißbehagte. Aus Rache, heißt es, habe er den jungen Dichter dann als Pfefferkuchenmann verkauft.

Si non è vero – auf jeden Fall gefiel dem Professor die Geschichte, da er am Anekdotischen sein besonderes Vergnügen hatte. Und so bereitete es ihm auch eine heimliche Schadenfreude, daß der geistvolle, sprachmächtige, aber politisch allzu wetterwendische Breslauer Friedrich Gentz, der Freund Metternichs und eine Zentralfigur des Wiener Kongresses, als 65jähriger noch von einer großen Liebe zur schönen Tänzerin Fanny Elssler heimgesucht wurde. Der Jugend, die er wegen liberaler Ideen verfolgte, fiel er nun in Gestalt einer schönen Neunzehnjährigen zum Opfer. »Bedenke«, sagte der Professor mit erhobenem Zeigefinger, »er hat dann nur noch drei Jahre gelebt. Und das Volk kennt ihn deswegen heute bloß noch als Operettenfigur. Von Johann Strauß.«

Diese schlesische Zeit mit dem Münchner Professor war vielleicht die letzte unbeschwerte vor der nahen Katastrophe. Wir besuchten gemeinsam Kirchen, Museen und Konzerte. Wir sprachen im Duett das Gedicht vom ›Glockenguß zu Breslau‹ von Wilhelm Müller und vom schlesischen Grafen Strachwitz die Ballade ›Das Herz des Douglas‹. Am Abend spielte für uns in der geheimnisvoll verdunkelten Elisabethkirche der Organist Piersig Präludien und Fugen des Johann Sebastian Bach auf der köstlichen Silbermannorgel.

In diesem Jahr trieben die Geschehnisse immer rascher der Katastrophe zu. Das nächstemal kam ich erst am 6. April 1945, vier Tage nach den schweren Osterbeschießungen, wieder zur Holteihöhe. In den verunkrauteten, schmutzigen Wirtsgärten entlang meinem Weg sah ich überall frische Gräber. Blutlachen waren auf der Straße längs dem Strom, und tote Pferde lagen unter den frisch-grünen Bäumen der Allee. Zu Füßen des Denkmals aber wurden Tote – Männer, Frauen und Kinder –, in große Bogen Packpapier gewickelt, in eilig ausgehobenen Gruben beigesetzt. Es gab kein Totengeläut für sie. Die Türme des Doms und der Sandkirche jenseits der Oder waren ausgebrannte Stümpfe. Nur der feine, schlanke Turm der Kreuzkirche stand stumm und unversehrt.

So blenden immer wieder die Erinnerungsbilder vom Glück ins Elend über. In Linköping in Schweden begegneten wir in den fünfziger Jahren einer Gräfin Hamilton. Ihr Mann war Kommandeur der Breslauer Kürassiere gewesen. Sie wußte noch vom kaiserlichen Glanz des Regiments mit dem Namenszug des Großen Kurfürsten zu erzählen. Von weißen Kollern und Silberhelmen, Kürassen und goldenen Adlerschilden, von rassigen Pferden und klingelnden Schellenbäumen. Von einem Liebesmahl für Majestät, bei dem ›Schlesisches Himmelreich‹ serviert wurde. Und Wilhelm II. habe dieses für andere deutsche Stämme unbegreifliche Gericht aus Rauchfleisch, Backobst und Kartoffelklößen mit Herrschergeduld zu sich genommen.

Darauf mußte ich der Gräfin erzählen, daß ich am 23. Februar 1945, schräg gegenüber den roten Ziegelbauten der Kaserne, in einer Wohnung der Kürassierstraße mit einem dezimierten Häuflein unserer Truppe die Russen erwartete, die uns aus dem Kasernengelände pausenlos beschossen. Kein Uniformglanz mehr. Manchmal huschende, gebückte Schatten auf der Straße. Und abends brannte das ganze Viertel. Brannten auch nahebei unsere schönen Poelzighäuser. Die rote Nacht war heller als der Tag. Wir retteten uns durch Gärten, deren Obstbäume zerfetzt, deren Schneeglöckchenbeete von Granaten umgepflügt waren. Schneeglöckchen, rot gerändert von Blut.

Wie schön waren früher die ersten Frühlingstage auf der breiten, eleganten Kaiser-Wilhelm-Straße gewesen. In ihrer ganzen Breite war sie von Sonne überflutet. Eine Armada von Kinderwagen strebte dem Südpark zu. Dort versteckte ich die schon einmal von meinen Kindern gefundenen bunten Ostereier ein zweitesmal hinter alten Bäumen, zwischen den Tarnfarben blühender Krokusse. Die ersten Ruderer klatschten ihre Riemen noch etwas ungeschickt ins Wasser des Sees. Der Nachmittag aber mußte seinen traditionellen Höhepunkt finden bei dem kleinen dudelnden Kinderkarussell im Wirtsgarten jenseits der Straße... Und dann die Pfingsttage im Oswitzer Wald, nahe der Schwedenschanze, mit ziehender Blasmusik und den tutenden schwarzen Schleppdampfern auf der Oder. Im Ohlegebiet die Apfelblüte in Pirscham. Die abendliche Heimfahrt am Sonntag, mit erster Frühlingsbräune und den ersten Wiesensträußen der Kinder, auf dem behäbigen Dampfer ›Wintermärchen II‹. Man richtet es so ein, daß man die Sonne auf dem Strom nahe der Dominsel untergehen sieht. Sie verklärt die vier gotischen

Türme im roten Licht. Zur Blütezeit hängen schwere, blühende Fliederdolden über die alten Flußmauern der Kurialgebäude. Fern, doch nicht mehr allzu fern ist die Erfüllung der Vision von Max Herrmann-Neiße:

Ins Nichts des Himmels treibt bedrohlich düster
durchs Wolkeneis ein Totenschiff: der Dom.
Und fluchend mit den Schollen wirft als wüster
heilloser Trunkenbold der Oderstrom.

Noch ist Frühling und heiteres Leben. Man setzt sich, nachdem das für die Kinder beglückende Landemanöver des biederen Wintermärchens beendet ist, eine Weile auf eine der Anlagenbänke gegenüber der ›terra sancta‹ und atmet den immer intensiveren Duft, der sich mit herb fauligem Wassergeruch mischt. Soll der Abend festlich verklingen, wird man im Scheitniger Parkhotel zu Abend essen. Danach wollen die Kinder den Mond aus dem großen Teich fischen, den duftende Blüten und Sträucher in verschwenderischer Fülle umgeben.

An einem unfreundlich grauen Morgen fahre ich um die übliche Zeit mit der Straßenbahnlinie 2 zum Opernhaus. Um dieselbe Zeit fährt auch der zweite Bürgermeister der Stadt, Dr. Spielhagen, von Kleinburg ins Rathaus. Wir unterhalten uns. Manchmal flüstert mir der gescheite Mann, ein Neffe des liberalen Berliner Romanciers, einen Witz von der Art zu, die man damals als ›hetzerisch‹ oder ›zersetzend‹ bezeichnet. An diesem Morgen steht, noch vor der Eisenbahnunterführung, eine stumm und dumpf wartende Menschenschlange, Männer, Frauen und Kinder. Die Erwachsenen tragen einen gelben Stern und haben eine Decke über dem Arm. »Abtransport«, sagt jemand im Wagen. »Wohin kommen die denn?«, fragt eine Frau. »Nach Madagaskar«, antwortet ein Mann. Der Bürgermeister sagt nichts. Die erste Vertreibung aus Breslau, gnadenlos und ohne Wiederkehr, hat begonnen.

Die meisten in der überfüllten Straßenbahn nehmen von der wartenden Gruppe keine Notiz. Sie selbst brauchen keinen gelben Stern zu tragen. Dennoch werden auch sie später einmal die Stadt verlassen müssen. »Madagaskar liegt hinter Oppeln«, flüstert mir der Bürgermeister zu, als ich aussteige.

Im Jahre 1944 – ich bin schon Soldat – muß ich Dr. Spielhagen in einer Angelegenheit des Roten Kreuzes in seinem Amtszimmer im Rathaus aufsuchen. Der Bürgermeister sagt, er könne leider in der Sache nichts tun. Der Gauleiter habe angeordnet, daß er an keiner Veranstaltung mehr teilnehmen dürfe, auch nicht an Theateraufführungen und Konzerten, wenn Hanke selbst dort anwesend sei. Und der neue Oberbürgermeister spreche überhaupt kein Wort mit ihm. »Ich bin hier praktisch ein toter Mann«, sagt Spielhagen wörtlich.

Er war es damals erst theoretisch. Während der ›Festungszeit‹ kommt ein junger Fähnrich, dessen Eltern ein Geschäft am Ring haben, blaß und verstört in unseren Fliegerhorst Schöngarten zurück. »Ich habe eben mit ansehen müssen, wie sie den Bürgermeister am Blücherplatz erschossen haben.«

Ich mußte wieder an Dr. Spielhagen denken, als mich im Vorfrühling 1945 ein Kurierauftrag über den Blücherplatz führte. Der Ring und alle Straßen dorthin waren verlassen. Es blaffte und rumpelte von den Hauptkampflinien im Süden und Westen her. Manchmal pfiff mir etwas über den Kopf, und ich mußte ihn einziehen. Mit dumpfem Schlag fuhr ein Blindgänger in ein halbzerstörtes modernes Kaufhaus. Noch standen am Ring die schönen Patrizierhäuser mit den schmuckreichen Giebeln der Renaissance- und Barockzeit. Noch standen Rathaus und St. Elisabeth. Würden sie das alles überdauern? In den Wochen und

Monaten der fressenden Brände bei Tag und Nacht ging ich mit wachsendem Entsetzen durch die Stadt. Eines Tages fand ich die Türme von Maria Magdalenen abrasiert, mit der sie verbindenden ›höchsten Brücke von Schlesien‹. Eines weiteren Tages sah ich ein riesiges Granatloch im Turm von St. Elisabeth. Und als nach Wochen und Monaten die Brände verglühen und der Rauch sich legt, klagen wir nicht mehr um das Viele, das zerstört und verschwunden ist, sondern sind glücklich über das, was blieb und bleiben würde.

Und dann kam jener Gang im Juli 1945, den ich noch so oft in Gedanken mache. Es war ein strahlend schöner Tag, und ein russischer Soldat, gutmütig und gleichgültig, brachte uns entlassene Lazarettgefangene mit aufgepflanztem Bajonett zur polnischen Kommandantur auf dem Schloßplatz. Da war zur Rechten die Ruine des Schlosses, in dem einst Artur Kutscher über ›Goethes Faust auf dem Theater‹ gesprochen hatte. Nun würde er doch keine Exkursion mehr nach Breslau machen können...

Da war zur Linken meine alte Arbeitsstätte, das Opernhaus. Und es begab sich ein letztes Wunder schlesischer Freundlichkeit: An der Portierloge vorbei rannte ein Mann, ein kleiner Beamter der Theaterverwaltung, der mich aus seinem Kellerbüro erkannt hatte, und sagte mir, ich hätte noch ein volles Monatsgehalt von ihm zu bekommen. Wenn wir zurückkämen, wolle er es mir in einem Kuvert überreichen. Er hat es getan: auf einigen Hundertmarkscheinen, die ich zwischen Strumpf und Schuh schob, trat ich nachher meinen langen Fußweg über 300 Kilometer süd- und westwärts an.

Der nächste Tag war ein Sonntag. Ehe wir die Stadt endgültig verließen, waren wir im Konvikt nahe der Kreuzkirche untergebracht. Auf einem riesigen Trümmerhaufen gegenüber stand ein Pappschild: ›Hier ruhen 12 Tote‹. Dazu ein paar welke Wiesenblumen in Konservendosen. Ruhten sie wirklich? Auf den Stufen eines Hauses, von dem nur eben diese beiden Stufen und der Türsturz erhalten geblieben waren, saßen zwei alte Leute und schauten wortlos in den toten, sommerblauen Tag. Etwas weiter spielten Kinder in sauberen Sonntagskleidern in einer verdreckten, zerschossenen Straßenbahnbarrikade.

Am nächsten Tag noch einmal zur Kommandantur auf dem Schloßplatz. Noch einmal ohne Marschtritt in losen Reihen, wir entlassenen Gefangenen. Müde Männer in elenden Uniformen. Kranke, Amputierte mit Stöcken und Krücken. Der allerletzte Gang durch Breslau. Ein anderer Zug kommt uns entgegen. Ebenso müde, hohläugige Menschen mit Rucksäcken und Pappkästen, die Männer unrasiert, mit struppigen Bärten. Frauen schieben Kinderwagen. »Lubliner Polen«, sagt einer aus unseren Reihen. »Vertriebene.« Die beiden spukhaften Menschenhäuflein ziehen aneinander vorbei. Kein Wort herüber, hinüber. Kein gutes, kein böses. Vom Unglück Geschlagene beschimpfen einander nicht.

Um die Mittagsstunde kommen wir am südlichen Stadtrand durch Krietern und Hartlieb, Vororte mit blühenden Gärten und unzerstörten Häusern. Dann sieht man zum letztenmal die Stadt Breslau. Und seltsam, im flimmernden Sonnendunst wirkt sie heil und unzerstört. Wir zeigen einander die vertrauten Türme, nennen ihre Namen. Eine Zeitlang spricht keiner mehr.

Nach(miß)klang

Nach einem Wanderweg von über 200 Kilometern entlang den schlesischen Gebirgen war mein übriggebliebener Trupp entlassener Gefangener bei Niesky auf die große Flüchtlingsstraße gekommen. Wir trugen eine zusammengebrochene uralte Bäuerin auf einer Bahre davon und sahen einen Greis einsam auf einem Haufen von Schottersteinen sterben. Jenseits der Neiße, von Schlesien aus gesehen, warteten Zehntausende auf den Tag der Rückkehr in die Heimat. Sie aßen die letzten Vorräte aus Kellern und Feldmieten, und wir waren glücklich, als uns eine Frau, die hier auch nicht daheim war, eine Blechwaschschüssel voll kalter Kartoffeln in der Schale kredenzte. Sie hatte dazu nur Salz, kein Schmalz. Niesky – die letzte schlesische Erinnerung. Hier hatte der junge Breslauer Friedrich Ernst Daniel Schleiermacher seine Erziehung in herrnhutischer Frömmigkeit genossen. Görlitz, Jakob Böhmes Stadt, war nicht fern. Ach, der romantische Philosoph Schleiermacher und seine ›schlechthinnige Abhängigkeit – unser Leben war jetzt abhängig von dieser Blechschüssel mit Kartoffeln. Am Abendhimmel die Landeskrone. Die Gebirge zogen sich in Wolkendunst zurück. Wir hatten sie zum letztenmal gesehen.

Die Kinderheimat, in die ich zurückkehrte, war voll von schlesischen Frauen, Kindern und alten Männern. Die jüngeren Männer – also die unter 65 – waren meist noch in Gefangenschaft. Viele vermißt, verschollen. In Windeseile sprach es sich in dem thüringischen Städtchen herum, daß da ein Gefangener aus Breslau heimgekommen sei. Nun gaben die Frauen einander unsere Wohnungstür in die Hand. »Sind Sie in Breslau nicht meinem Mann begegnet?« Namen, Namen. Ich kannte keinen. »Wissen Sie, ob unser Haus noch steht?« Viele Straßennamen waren mir fremd. Auch keins der Häuser kannte ich. Ich konnte nur von Straßen berichten, in denen nach dem wahnsinnigen Festungskampf kein einziges Haus mehr stand. Dann wußten einige der Frauen schon Bescheid... Manche sagten: »Wenn nur der Mann zurückkommt, dann woll'n wir hier schon noch einmal von vorn anfangen.« Sicher wußte keine, daß ›hier‹ vielleicht die Urväterheimat war. Ja, nun hatte also Deutschland seine Schlesier im westlichen Haus. Als sie aus der Betäubung der Vertreibungsschrecken erwacht waren, fingen sie zu werkeln an. Ihre oft berufene Tüchtigkeit und Genügsamkeit und auch ihre Welt- und Gottesfrömmigkeit halfen ihnen weiter. Auf einmal waren hier ein Gasthaus, dort ein Metzgerladen, hier eine Konditorei und dort ein Schneideratelier in der Hand eines ›Flichtlings‹, wie man in fast allen deutschen Ländern die Muß-Gäste nannte. Schon um der Kinder willen mußten sie's zu etwas bringen. Tüchtigkeit macht nicht immer beliebt. Besonders bei ortsansässigen Konkurrenten nicht.

Dabei hat man es manchen widerwilligen Gastgebern nicht klarmachen können, was es heißt, die Heimatstadt, eine geliebte Landschaft, die Gräber der Toten verlassen zu müssen. Ich habe damals meine Thüringer oft gefragt, was sie wohl dazu sagten, wenn sie mit einem Koffer und einem Rucksack als gesamte Habe etwa in die Gegend von Gleiwitz und Kattowitz umgesiedelt würden. Wo es doch schon ihrem sehr gebildeten Goethe dort östlich unheimlich wurde. Ich habe Leute aus Schliersee, unter anderen weltpolitischen Konstellationen, einen Daueraufenthalt in Pommern angeboten. Sie begriffen gar nichts. »Ja, das ist doch etwas ganz anderes«, habe ich manchmal zur Antwort bekommen. Nichts ist anders. So wie das Berlinschicksal einer geteilten Stadt den Münchnern (Parisern? Londonern? Moskauern? Römern?) nur für Berlin möglich erscheint.

Die Kinder im sogenannten ›Westen‹ sprachen bald einen Dialekt, den die Eltern nicht verstanden. Neun Jahre nach der Vertreibung las ich in einem kleinen oberbayrischen Städtchen vor einer Schlesierkolonie aus meinen Büchern vom Ende Breslaus. Dann sang ein Kinderchor Lieder in schlesischer Mundart. Sehr hübsch und wacker. Den Eltern trieb's die Tränen in die Augen. Als die Kinder nachher auseinanderliefen, redeten sie unverfälschtes g'schertes Bayrisch. So schnell geht das.

Heute schaut sich die junge schlesische Generation Fernsehfilme von der Heimat an. Ein schönes Land. Großes haben dort die Väter und Vorväter geleistet. Vieles haben die Polen genauso wieder aufgebaut, wie es einst deutsche Architekten schufen. Man möchte das schon einmal sehen und seiner bayrischen, rheinischen, niedersächsischen Ehefrau zeigen. Ich habe keinen jungen Schlesier getroffen, der sich noch als ›Vertriebener‹ fühlte. Wie könnte er auch... Allzulange, meinen die Jungen, haben sich die Politiker wegen einiger Millionen Wähler-stimmen um Entscheidungen herumgedrückt. Auch ich möchte noch einmal durch Schlesien reisen, wo wir glücklich und zuletzt sehr unglücklich gewesen sind.

Schade um die schöne, literaturwürdige Sprache Gerhart Hauptmanns. Die stirbt nun mit den Alten aus.

Junger Mann aus München-Sendling, 32, geboren in Breslau, fragt: »Sag'n S amal, was hoaßt nacha dös: (vorsichtig) ›Ju – ju – nee – nee‹?« Wie soll man's ihm erklären? Allein mit dem ›Übersetzen‹ ist es nicht getan. Juju – neenee...

CD Bei ins derrheeme

Ernst Schenke

Ernst Schenke spricht eigene Gedichte in schlesischer Mundart

Gesamtlaufzeit: 44:19 Minuten
12,80 Euro

Ernst Schenke (geb. 24. Mai 1896 in Nimptsch, gest. Dezember 1982 in Recklinghausen) gilt als der bedeutendste schlesische Mundartdichter des 20. Jahrhunderts. Mit seinem schlesischen Kinderbuchklassiker „Hoase Langbeen", zahlreichen Lyrikbänden, einem umfangreichen erzählerischen Werk und den unvergessenen Hörspielen und Hörfolgen für den Breslauer Rundfunk ist Ernst Schenke vielen Schlesiern noch in lebendiger Erinnerung. Erstmals wurden nun 30 seiner schönsten schlesischen Mundartgedichte auf einer CD zusammengefaßt.
Ein heimatliches Hörerlebnis!

Lindenbaum Verlag GmbH - Bergstr. 11 - D-56290 Schnellbach
Tel.: 06746 / 730047 - Fax: 06746 / 730048 ,
E-Brief: lindenbaum-verlag@web.de - Internet: www.lindenbaum-verlag.de

CD - Heimatklänge aus Schlesien

Lieder, Tänze und Gedichte

ISBN 978-3-938176-08-5,

Gesamtspieldauer: 43:38 Minuten

Preis: 12,80 Euro

Aus allen Landschaften Schlesiens klingen uns Lieder und Tänze in einer erstaunlichen Vielfalt entgegen. Dazwischen hören wir den Klang urtümlicher Muttersprache der Schlesier, ihre Mundart, in heiter-besinnlichen Versen. Aber auch hochdeutsche Gedichte von Joseph von Eichendorff, Carl Hauptmann und Paul Keller erinnern an die Schönheiten Schlesiens. Eine Reise durch jenes Stück des alten deutschen Ostens, das Goethe ein „zehnfach interessantes Land“ genannt hat.

Gleich zu Beginn erlauschen wir das Riesengebirge mit seinen „blauen Bergen und grünen Tälern“ - idyllisch und machtvoll-überwältigend zugleich. „Unseres Herrgotts Lustgarten“ nennt es Hermann Stehr. Wir ersteigen die Schneekoppe und erleben den Sonnenaufgang – ein herrliches Naturschauspiel. In einer der schönen Bauden (Berggasthäuser) kehren wir ein, Zitherklänge ertönen und die Gäste der Baude singen das Lied vom „Böhmischen Wind“. Ja, die Schlesier sind ein sangesfrohes Volk, „Gemittliche Leute“, denn sie lieben das Wandern, die wundervolle Natur der Heimat. Und sie sprechen mit ihr wie mit einem Menschen: „Ach Zotaberg, du schiener blooer Hübel, Du bist unär a Wächter uffm Turm...“ So singt der „Urschlesier“ Carl von Holtei. Er hängt, wie alle Kinder der „Mutter Schläsing“, mit allen Fasern des Herzens an der Heimat, der Unvergessenen. „Suste nischt, ock heem“ heißt ihr sehnsuchtvoller Seufzer in der Fremde. Und er preist die „Gaben der Heimat“: den „Sträselkucha“, das „Schlesische Himmelreich“, die „Mohkließla“. Vor unserem inneren Auge erscheinen die Bilder vom schönsten Volksfest daheim, von der „Kerms“. Es sind die Bilder der Jugendzeit, die uns ein Leben lang gegenwärtig bleiben.

Es liegt eine magische Kraft in diesen Liedern, Tänzen und Gedichten. Sie zaubern mit greifbarer Deutlichkeit Landschaft und Menschen der alten schlesischen Heimat vor unsere Seele. Man braucht nur recht andächtig zu lauschen: „Ma mächte sprecha – wie voo salber. Nu, do fangt ock oan!“

Lindenbaum Verlag GmbH - Bergstr. 11 - D-56290 Schnellbach

Tel.: 06746 / 730047 - Fax: 06746 / 730048 ,

E-Brief: lindenbaum-verlag@web.de - Internet: www.lindenbaum-verlag.de